Gemeindeentwicklung
in 7 Tagen

AF001951

TVZ

Gemeindeentwicklung in 7 Tagen

Geschichten
Tools
Methoden

Monika Wilhelm
Matthias Bachmann

Herausgegeben von
der Evangelisch-
reformierten Landeskirche
des Kantons Zürich

TVZ
Theologischer Verlag Zürich

reformierte
kirche kanton zürich

		Inhalt
5		
7		Vorwort
11		Zum Gebrauch
13	**Tag 1** **Einheit in Vielfalt**	Was ist die gemeinsame Grundlage unserer Kirchgemeinde, die gelebte Vielfalt erlaubt?
47	**Tag 2** **Kontext**	Wie verändert sich Kirche in nachmodernen Zeiten?
79	**Tag 3** **Vision und Strategie**	Welche Visionen stärken unsere Kirchgemeinde in der Veränderung?
111	**Tag 4** **Ressourcen und Verwaltung**	Wie nutzen wir als Kirche unsere Ressourcen nachhaltig?
149	**Tag 5** **Partizipation**	Wie können Menschen Kirche mitgestalten?
187	**Tag 6** **Leitung**	Wie leiten wir die Kirche von heute?
223	**Tag 7** **Vernetzung**	Wie vernetzen wir uns als Kirchgemeinde vor Ort, in der Region und weltweit?
259		Register
262		Literaturhinweise

Vorwort

Gemeindeentwicklung in 7 Tagen

Zugegeben, wir haben einen forschen Titel gewählt. «Gemeindeentwicklung in 7 Tagen», das klingt fast so, als liesse sich eine Kirchgemeinde schneller entwickeln als ein Bad renovieren oder eine Sprache erlernen. Ist das nicht vermessen? Ist Gemeindeentwicklung so einfach *machbar?*

    Natürlich ist Gemeindeentwicklung nach sieben Tagen nicht abgeschlossen. Und wer alle Übungen, Tools und Methoden ausprobiert, die das Buch vorstellt, braucht selbst für die Lektüre deutlich länger als sieben Tage. Was wir sagen wollen mit dem Titel: Mit inspirierter, gezielter und gekonnter Arbeit lässt sich in Kirchgemeinden viel bewirken. Das bestätigen die Menschen in den Kirchgemeinden, die wir für dieses Buch interviewt haben. Sie sind hier die Protagonisten und Protagonistinnen. Sie erzählen, was sie machen, wie sie es machen und wozu sie es machen. Ihre *Geschichten* haben wir mit *Tools* und *Methoden* ergänzt. Die Tools und Methoden sind auf dem aktuellen Stand der Organisationsentwicklung. Zugleich haben sie sich in Veränderungsprozessen der Zürcher Landeskirche bewährt und erst dort die Form gefunden, in der wir sie vorstellen.

Damit ist dieses Buch auch eine Momentaufnahme im Reformprozess KirchGemeindePlus. Diesen Reformprozess hat die Zürcher Landeskirche 2012 angestossen. Kirchgemeinden sollten sich strukturell so entwickeln, dass ihr Gemeindeleben weiterhin nah bei den Menschen, vielfältig und profiliert sein kann. Ein Mittel dazu sind Zusammenschlüsse von Kirchgemeinden, ein anderes die Organisationsmodelle des Kirchenrats. Im Laufe der Jahre sind aus diesem Reformprozess Modelle für künftiges Kirche-Sein und für die Transformation von Kirche entstanden – ein Zürcher Weg der Kirchenentwicklung, der über Zürich hinaus Impulse geben kann.

Noch etwas zeichnet das Buch aus. Im Prozess KirchGemeindePlus geht es um zweierlei. Zum einen will der Prozess die *Dienstleistungskirche* stärken, die Kasualien, Unterricht und andere Formate in hoher Qualität anbietet. Zum anderen will der Prozess die *Beteiligungskirche* stärken. Hier treten die Profis – die Pfarrerin und der sozialdiakonische Mitarbeiter, der Kirchenmusiker und die Jugendarbeiterin – in den Hintergrund und werden zu Ermöglichenden. Die eigentlichen Gestalterinnen und Akteure sind nun die Mitglieder und jene, die es noch werden könnten. Das vorliegende Buch legt den Fokus auf diese *Beteiligungskirche*. Wer nach Beispielen für die *Dienstleistungskirche* – für innovativ gestaltete Kasualien oder professionell gemachte Kommunikation – sucht, wird daher enttäuscht. Fündig wird, wer sich fragt, wie wir mit den Menschen so arbeiten können, dass sie die Relevanz von Kirche und Glauben für ihr Leben neu entdecken, indem sie sich einbringen. Theologisch könnte man diese Fragestellung auch so formulieren: Wie sieht missionaler Gemeindeaufbau aus, der das Evangelium milieusensibel kommuniziert und das freiheitlich-emanzipatorische Glaubensverständnis der zwinglianischen Reformation in die Zukunft trägt?

Dazu erzählen wir Geschichten aus Kirchgemeinden. Wir tun das unabhängig davon, wie diese sich zum landeskirchlichen Reformprozess gestellt haben. Das ist nicht vereinnahmend gemeint. Es soll lediglich zeigen, dass in der Zürcher Landeskirche ein Reformklima entstanden ist, das kleine und grosse, städtische und ländliche Kirchgemeinden erfasst hat. Die Reform hat sie nicht gleichförmiger gemacht. Im Gegenteil, die Vielfalt ist gewachsen. Das vorliegende Buch zeigt dies eindrücklich.

Unser Wunsch ist nun, mit diesem Buch dazu beizutragen, dass die in diesem Sinn inspirierte Reform weitergeht. Die Lektüre kann im Stillen erfolgen. Wirksamer könnte es in unseren Augen jedoch sein, wenn das Buch im Entwicklungsprozess einer Kirchgemeinde von Behördenmitgliedern und Mitarbeitenden als gemeinsame Diskussions- und Arbeitsgrundlage verwendet wird. Dann lässt sich auch der Titel beim Wort nehmen: Die sieben Tageslektionen können beispielsweise an sieben Gemeindeentwicklungstagen im Laufe von zwei Jahren in Gruppen durchgearbeitet werden. Dann entfalten nicht nur die inspirierenden Geschichten ihre Wirkung, sondern Tools, Übungen und Methoden lassen sich direkt und mit sichtbaren Ergebnissen anwenden.

Dies ist unser Nutzenversprechen. Erzähl uns, ob wir es einlösen konnten!

Jedenfalls: Das Buch wäre nicht geworden, was es ist, hätten wir nicht von Beginn weg in einem interprofessionellen Projektteam zusammengearbeitet und Schritt für Schritt gemeinsam festgelegt. Zum Team gehörten ein Grafikdesigner, ein Verlagsprofi, ein Kirchenratspräsident, eine Organisationsentwicklerin, eine Projektmanagerin und drei Kirchenentwickler.

Das Buch wäre auch nicht geworden, was es ist, hätten wir das Konzept nicht in diversen Sounding-Boards und anderen Echo-Prozessen mit unterschiedlichsten Menschen aus Kirchgemeinden immer wieder zur Disposition gestellt. Das hat unsere Pläne manchmal ziemlich durcheinandergebracht. Dafür sind wir allen Beteiligten enorm dankbar!

In der Umsetzungsphase schliesslich haben Monika Wilhelm als Hauptautorin, David Lüthi und Mirko Leuenberger als Gestalter, Svenja Espenhorst als Rechercheurin, Katrin von Niederhäusern als Illustratorin und Véronique Hoegger als Fotografin als fantastisches Kreativ-Team dafür gesorgt, dass aus der Buchidee das Buchobjekt wurde, das uns unglaublich gut gefällt.

Vorwort

Nun bist du, liebe Leserin, lieber Leser, am Zug. Nutze das Buch für deine Kirchgemeinde, lies es mit deinem Team. Wende es in deinem Kontext an, denn es ist jetzt dein Buch.

Das Projektteam: Matthias Bachmann, Mathias Burri, Simon Fuhrimann, Bigna Hauser, Agnes Joester, Michel Müller, Thomas Schaufelberger

Zum Gebrauch

Wie liest man dieses Buch?

Das Buch besteht aus sieben parallel aufgebauten «Tagen» mit je einer eigenen Farbe, sodass sich beim Blättern leicht erkennen lässt, bei welchem Tag man sich befindet. Die Tage sind in eine sinnvolle Reihenfolge gestellt, sie können aber auch einzeln gelesen werden. Als Auftakt des Tages benennen die farbigen Seiten den *Fokus* und die *Kernfrage*. Die *Einführung* stellt die wichtigsten Gedanken zum Fokus in den kirchlichen Zusammenhang. Daran anschliessend wird eine *Story* aus einer Kirchgemeinde, einem Projekt oder von betroffenen Personen erzählt. Darin eingeflochten sind theologische Grundlagen und Erkenntnisse der Vergangenheit und Gegenwart.

    Die Interviews *(Im Gespräch)* geben gezielt Einblick zum gewählten Fokus und die *Ideen zum Selbermachen* sind als Inspiration zum Ausprobieren gedacht. Manche lassen sich ohne Vorbereitung umsetzen, für andere dauert der Vorlauf etwas länger. Sie sind auf gelbe Seiten gedruckt, so findet man sie schnell.

    Die Arbeit mit Storys und Beispielen hat einen Haken: Genau so, wie es an einem Ort funktioniert, kann es an keinem anderen gelingen. Jeder Kontext ist anders, darum können Projekte oder

Ideen nicht einfach kopiert werden. Es geht vielmehr darum, die Idee, die Haltung, Herangehensweisen und Prinzipien, die hinter gelingenden Projekten stehen, zu entdecken und sich anzueignen, um im eigenen Kontext aktiv werden zu können.

Neben den Beispielen aus der Praxis enthält jeder Tag einen methodischen Teil. Organisationsentwicklung in der Kirche – Kirchen- und Gemeindeentwicklung – ist theologisch motiviert. Zugleich orientiert sie sich an Referenztheorien ausserhalb der Theologie: an soziologischen, philosophischen oder auch ökonomischen Ansätzen. In diesem Buch verbinden sich die Ansätze miteinander.

So findet sich an jedem Tag die Einführung in eine oder zwei grundlegende *Methoden*. Sie helfen zu sehen, wie eine Kirchgemeinde aufgestellt ist und in welche Richtung eine Weiterentwicklung gehen könnte. Daneben finden sich an einigen Tagen *Tools,* das heisst hilfreiche Werkzeuge, um die Situation der Kirchgemeinde oder ihrer Umwelt zu verstehen. Nicht zuletzt werden konkrete *Anwendungen* vorgestellt, mit deren Hilfe man einen Aspekt der Kirchgemeinde entdecken oder verändern kann.

Wichtige Begriffe sind im *Register* am Schluss des Buches versammelt. Dort wird auf die Seiten verwiesen, wo sie zu finden sind und erklärt werden. Auf den letzten Seiten des Buches gibt es ausserdem ausgewählte weiterführende *Literaturhinweise.* Wer sich in die vorgestellten und in weitere Methoden vertiefen möchte, findet zusätzlich eine erweiterte Liste sowie Beschreibungen auf: www.in7tagen.ch.

Tag 1

Einheit
in Vielfalt

Einführung
17 Einheit in Vielfalt

Story
20 Streetchurch Zürich

Im Gespräch
31 Kirchgemeinde Eulachtal – Fusion
35 Kirchenkreis 9 –
    Theologische Profile

Methode
Golden Circle
37 Einführung
38 Why
39 How
40 What

Anwendung I
41 Why

Anwendung II
44 How

Was ist di
same Gru
unserer K
meinde, d
Vielfalt er

e gemein-
ndlage
rchge-
e gelebte
aubt?

☑ Tag 1
Tagesziel

Die Kirchgemeinde mitsamt den vielfältigen lebensweltlichen, theologischen und spirituellen Profilen ihrer Mitarbeitenden und Mitglieder versteht sich als Einheit mit gemeinsamer Grundlage.

○ Du kannst die Grundlage, auf der eure Kirchgemeinde steht, benennen.
○ Du kennst deine Vorlieben, dein theologisches Profil und kannst deinen Lebensstil beschreiben.
○ Du bist entspannt gegenüber Personen und Gruppen in der Gemeinde, die dem nicht entsprechen, die aber wie du auf der gemeinsamen Grundlage aufbauen.

Tag 1 – Einführung
Einheit in Vielfalt

Eine Mission in vielgestaltiger Form

Die einen mögen einen dichten englischen Rasen, andere eine bunte Blumenwiese. Die reformierte Landschaft gleicht Letzterem: Die Aktivitäten in einer Kirchgemeinde sind so unterschiedlich, dass daraus niemals ein englischer Rasen werden kann. Diese Diversität zeigt, dass auf derselben Grundlage verschiedene Pflanzen wachsen können. Der Grund und Boden, auf dem die Kirche, die einzelnen Kirchgemeinden und deren Aktivitäten wachsen, ist Jesus Christus und die gute Nachricht, die er verkündet und verkörpert hat. Kirchgemeinden haben immer wieder neu die Aufgabe, diesen Urgrund für die eigene Arbeit hier und jetzt zu formulieren. Daraus wird eine gemeinsame Mission. So wächst Kirche je nach Kontext und je nach Menschen unterschiedlich zu einer vielgestaltigen Blumenwiese heran.

Die reformierten Kirchen in der Schweiz sind seit gut 150 Jahren «bekenntnisfrei». Das heisst, dass den Mitgliedern kein spezifisches Bekenntnis vorgegeben ist. Dennoch ist klar, dass die Kirchen nur bestehen, weil sie sich zu Gott bekennen. Die Blumen wachsen auf einem gemeinsamen Boden – doch jede blüht zu ihrer Zeit in ihrer Farbe.

Einheit in der Vielfalt auf überkonfessioneller Ebene

In der Zeit der Reformation war die gefühlte Notwendigkeit der Abgrenzung durch klare Bekenntnisse und markante theologische Äusserungen noch grösser. Kompromisse einzugehen, erschien als erhebliches Risiko, da die neuen Erkenntnisse und Freiheiten so wieder verloren gehen könnten. Darum trennten unterschiedliche Verständnisse vom Abendmahl, von Jesus Christus und der Erwählung Gottes die evangelischen Kirchen.

Knapp 500 Jahre später entschieden sich 94 lutherische, reformierte, methodistische und unierte Kirchen aus Europa zu sagen: Wir sehen dies heute anders. Was damals trennte, ist heute «kein Hindernis mehr für die Kirchengemeinschaft». So steht es in der «Leuenberger Konkordie» von 1973. Erstmals wurden die Gemeinsamkeiten höher gewichtet als die Unterschiede. Seither können diese Kirchen miteinander Gottesdienst

Tag 1 – Einführung
Einheit in Vielfalt

und Abendmahl feiern, auch wenn sie ihre Eigenheiten beibehalten. Die lebendige Vielfalt kann bestehen bleiben, ohne dass eine Vereinheitlichung droht.

Der «dritte Weg» der Zürcher Kirche

Für die reformierte Kirche im Kanton Zürich bedeutet diese Einheit in Vielfalt konkret, dass sie sich weiterhin als «Volkskirche» verstehen will. Sie versteht sich damit weder als reine Bekenntnis- und Beteiligungskirche noch als rein professionelle Dienstleistungskirche. Vielmehr sucht sie einen «dritten Weg» zwischen partizipativer Bewegung und professioneller Institution: Inneres Engagement und bewegte Gemeinschaft brauchen religiöse und soziale Dienstleistungen und umgekehrt. Neben dem Service public und den bewährten spirituellen Formen sollen neue Ideen entwickelt und umgesetzt werden und die Vielfalt wachsen.

Dies ist eine Herausforderung: Niemand weiss genau, wohin es führen wird, wenn der Sozialraum und die Lebenswelten der Menschen stärker in den Blick kommen. Die Sprache wird sich ändern, die Ressourcen müssen anders verteilt werden, es braucht neue Mitarbeitende, die andere Zugänge zu Menschen finden. Die Vielfalt, die aus der schöpferischen Vielfalt des göttlichen Geists entsteht, soll weiterwachsen können. Die Vision sind polyzentrische Gemeinden, die sich nicht um ein zentrales Gebäude oder ein zentrales Format (Gottesdienst) herum organisieren, sondern um mehrere. Dadurch entsteht ein Netzwerk oder eine *mixed economy*, ein gemischtes Hauswesen, das aber aus *einer* gemeinsamen Quelle und *einer* gemeinsamen Hoffnung gespiesen wird.

Kein Abschied von der Nähe

In all diesen Veränderungen bleibt die Kirche den Menschen nahe. Dies wird aus den verschiedenen Beispielen in diesem Kapitel deutlich. Darin verbindet sich die Nähe zu den Menschen mit dem Konzept der Einheit in Vielfalt. In der *Story* zeigt sich: Die Streetchurch hat ihre Nische gefunden in der grossen Kirchgemeinde der Stadt Zürich. Sie ist jungen Menschen nahe,

Tag 1 – Einführung
Einheit in Vielfalt

die keinen einfachen Start ins Leben haben, und macht Kirche für sie erlebbar. *Im Gespräch* mit der vor einem Jahr fusionierten Kirchgemeinde Eulachtal wird sichtbar, dass die Nähe trotz weitläufiger geografischer Lage nicht zu kurz kommen und die Eigenheiten der Dörfer nicht aufgegeben werden muss. Aus dem Kirchenkreis 9 der Stadt Zürich erzählen zwei Pfarrpersonen, wie die Nähe zur Gemeinde ihre Arbeit bestimmt und sich auf ihren Umgang mit den verschiedenen theologischen Positionen auswirkt. Ganz unterschiedliche Beispiele für eine vielfältige und nahe Gemeinde präsentieren die *Ideen zum Selbermachen:* Von der Beziehung zu den Freiwilligen in Stäfa über die Bezirkszusammenarbeit in Andelfingen bis hin zu der niederschwelligen Arbeit für Familien im Stadtteil in Zürich Höngg. Und in Meilen hat die Kirchenwiese zu mehr Biodiversität gefunden, was eine Verbindung zum lokalen Naturschutzverein nach sich zog. In allen Geschichten zeigt sich, dass Nähe geografisch verstanden werden kann, aber nicht muss. Vielmehr ist Nähe als *Vertrautheit* wichtig. →Tag 4

So zeigt nicht zuletzt der *Golden Circle* in den *Methoden und Anwendungen* auf, wie eine Warum-Erklärung als Ausdruck der gemeinsamen Einheit gefunden werden kann, die berührt und so Vertrauen schafft.

Tag 1 – Story
Streetchurch Zürich

Die Streetchurch als profilierter kirchlicher Ort

Die Streetchurch in Zürich zeigt: Die Strukturen der Kirche lassen ganz unterschiedliche Formen zu. Was ist alles möglich?

Tag 1 – Story
Streetchurch Zürich

Seit 2003 wächst die Streetchurch in Zürich. Anfangs war sie als Jugendkirche konzipiert. Mit der Zeit entwickelte sie sich zu einem Treffpunkt für Jugendliche und junge Erwachsene. Heute versteht sie sich als diakonische Kirche für alle Generationen. Ihre Vision ist es, Beheimatung zu schaffen für Menschen, die gesellschaftlich, familiär oder persönlich entwurzelt sind. Die Streetchurch ermöglicht diesen Menschen, sich zu entfalten und ihren Platz in der Gesellschaft zu finden und einzunehmen. Mit ihrem lebensweltlichen Profil bereichert die Streetchurch die Kirchgemeinde Zürich.

Orientierung an der Lebenswelt

Die Kirchgemeinde Zürich ist seit der Fusion 2019 die grösste der Schweiz. Sie besteht aus zehn territorialen Kirchenkreisen und aus Initiativen, die sich an einer spezifischen Lebenswelt von Menschen orientieren. Die grösste davon ist die Streetchurch. Sie hat sich während der bald 20 Jahre ihres Bestehens immer wieder innerhalb einer Struktur behauptet, die nicht für Formen wie sie gemacht worden ist. «Wir verstehen uns als Gemeinde», benennt Philipp Nussbaumer (Geschäftsleiter) das Selbstverständnis der Streetchurch, «darum wollen wir Teil der Kirchgemeinde sein und nicht eine Stiftung, ein Verein oder ein Sozialwerk werden. Wir sind Kirche!»

Die Diskussion, wie die Streetchurch in die Kirchenlandschaft passt, kommt immer wieder auf. Für den Moment ist sie geklärt. «Wir sind in die Gesamtgemeinde eingebunden, ähnlich wie ein Kirchenkreis», erzählt der Geschäftsleiter, «dennoch gibt es gewisse Ausnahmen. So haben wir beispielsweise einen eigenen Auftritt. Der offizielle Auftritt der Kirche spricht ein klassischeres Milieu an. Unser Profil und unsere Zielgruppe sind anders und entsprechend passen wir die Kommunikation an.»

Die Kirchgemeinde Zürich lebt damit bereits eine *mixed economy,* eine Mischung von Gemeindeformen: die einen sind am Lebensort und die anderen an der Lebenswelt orientiert, eine Mischung von professioneller Dienstleistungs- und niederschwelliger Beteiligungskirche. Einheit bedeutet hier nicht

Uniformität. Sie bedeutet vielmehr, dass die gleiche Aufgabe mit der gleichen Warum-Erklärung angegangen wird, das Wie aber unterschiedlich aussehen kann. →Methoden

Trinitarische Strukturen

Ein theologisches Bild für die Einheit in Vielfalt findet sich in der Trinität: Die drei Personen Gottes können als gleichberechtigtes Beziehungsgefüge gesehen werden. Ihre Einheit entsteht nicht durch eine hierarchische Abhängigkeit. Vielmehr besteht

zwischen Vater, Sohn und Heiligem Geist ein ewiges Gespräch, ewige Kommunikation und ein ewiger Austausch gegenseitiger Gaben. So eröffnen sie einander Räume.

Übersetzt man die ewige Kommunikation und die Eröffnung von Räumen in eine konkrete kirchliche Struktur, dienen sie als Elemente gelingender Vielfalt in der Einheit. «Die Aufgabe der Kirchenpflege ist es, dafür zu sorgen, dass das kirchliche Leben gut gedeihen kann», sagt Claudia Bretscher (Kirchenpflege). «Das bedeutet auch, gute Initiativen zu erkennen und

Tag 1 – Story
Streetchurch Zürich

sie wohlwollend zu unterstützen.» Dazu gehört auch die Unterstützung mit Ressourcen, was in Zukunft in der Zürcher Kirche verstärkt werden soll. →Art. 155 der Kirchenordnung

Verteilung von Finanzen

Primär lebensweltlich orientierte Initiativen stehen bezüglich Ressourcen vor einer besonderen Herausforderung. Weil Steuergelder am Wohnort erhoben werden, lassen sie sich am einfachsten auch so wieder zuteilen. «Mitglied ist man in der Kirchgemeinde Zürich. Administrativ gehört man dem Kirchenkreis am Wohnort an. Es sei denn, man ordnet sich ausdrücklich einem anderen Kirchenkreis zu. Der Streetchurch kann man sich aber nicht zuordnen», so Philipp Nussbaumer.

Dennoch erhält die Streetchurch Geld – aktuell etwa gleich viel wie ein durchschnittlicher territorialer Kirchenkreis. «Zusätzlich generiert sie gut zwei Fünftel ihres Budgets selber: durch Entschädigungen für eigene Dienstleistungen, durch Leistungsvereinbarungen mit der Stadt und durch andere Finanzquellen», erklärt Claudia Bretscher. «Das ermöglicht ihr, ihre unerschöpflichen Ideen zu verwirklichen. Der stetige Ausbau ihres Angebots bleibt damit für die Kirchgemeinde kostenneutral.» Die Kirchenpflegerin ist überzeugt, dass solche zusätzliche Finanzierung an Bedeutung gewinnen wird – auch für die ortsbezogene Gemeindeentwicklung. «Da gibt es dann vielleicht einen Förderverein», sagt sie, «oder Partnerschaften.»

Eigene Räume, eigene Kultur

Der trinitarische Gedanke, dass man auch in Verschiedenheit untereinander im Gespräch bleibt und einander Raum gibt, findet seinen Niederschlag auch in Zürich. «Die Streetchurch hat ihre eigenen Räume», sagt Claudia Bretscher, «anders als kleinere Initiativen, die in bestehenden kirchlichen Räumen stattfinden.» Eine Mischnutzung von Räumen durch herkömmliches kirchliches Leben und neue Initiativen ist nicht einfach. «Da prallen zwei Kulturen aufeinander, das ist konfliktanfällig», sagt die Kirchenpflegerin, «vor allem, wenn eine Kultur bestimmend ist.»

Philipp Nussbaumer ergänzt: «Wir haben eine starke tragende Kultur bei der Streetchurch. Das zeigt sich unter anderem in der laufenden Entwicklung neuer Ideen. Die etwas trägere Struktur der Kirchgemeinde bremst das nicht aus. Wir treffen an bestimmten Punkten aufeinander und dort können beide Seiten mittlerweile mit den unterschiedlichen Kulturen gut umgehen.»

Einander Raum zu lassen, bedeutet auch zu erkennen, dass nicht alle Räume für alle Menschen passend sind. «Der Raum ist nicht entscheidend, aber wichtig», fasst der Geschäftsleiter der Streetchurch zusammen. «Für etwas Neues kannst du nicht einfach eine coole Kaffeemaschine an einen alten Ort stellen. Du kannst auch nicht einfach ein Konzept kopieren, das anderswo funktioniert. Du musst den eigenen Kontext aufnehmen.»

Lieber viele unterschiedliche Ausdrucksweisen als gar keine

Den eigenen Kontext kennen und aufnehmen ist kein neuer Gedanke in der reformierten Tradition. →Tag 2 Bereits Ulrich Zwingli war dies wichtig, beispielsweise bei der Bibelübersetzung. Vor der Reformation wurden in der Kirche lateinische Bibeln verwendet. Die Bevölkerung verstand nichts. Die Bibel in eine Sprache zu übersetzen, die alle verstehen, war ein neuer Gedanke. Deshalb musste Zwingli dies rechtfertigen. Er schrieb in seiner Vorrede zur ersten Zürcher Bibel, wie wichtig es sei, den Kontext zu beachten. Nur so werde die Übersetzung verständlich. Es sei darum nicht verwerflich, dass es mehrere deutsche Übersetzungen gebe. Die Vielfalt wirke dem entgegen, was er am wenigsten wolle: dass niemand die Bibel liest.

Einheit muss nicht Einheitsbrei bedeuten, vielmehr ist die Vielfalt in der Einheit bereichernd. Im Neuen Testament verwenden Paulus und seine Schüler dafür das Bild des *einen* Leibs, der aus vielen Gliedern besteht: Jede und jeder in der Gemeinde bringt eigene Fähigkeiten mit – gemeinsam ergeben sie ein sinnvolles Ganzes (1Kor 12,4–30 und Eph 4,2–7). Claudia Bretscher formuliert es so: «Da, wo Menschen sich mit Herzblut einsetzen, sollen sie Kirche weiterentwickeln können. Und dafür bin

ich bereit, die vorhandenen Strukturen zu dehnen.» Auch hier könnte man also sagen: Lieber viele unterschiedliche Ausdrucksweisen als gar keine.

Gegebene Strukturen als Spielraum nutzen

Was das Dehnen der Strukturen angeht, sind sich Philipp Nussbaumer und Claudia Bretscher einig: «Das ist unser Erfolgsrezept: Wir lassen uns nicht einschränken von dem, was vordergründig gilt. Wir nutzen den sich bietenden Spielraum aus. Dazu stehen wir.» Das funktioniert jedoch nur, wenn es auf der Seite der Kirchenleitung Leute gibt, die diesen Spielraum gewähren. Die Kirchenpflegerin sagt: «Es geht nicht darum, sich über Bestehendes hinwegzusetzen. Aber die Dinge müssen für das Kirchenleben funktionieren. Und da hilft manchmal etwas Kreativität.»

Ein Beispiel: Um mehr jungen Menschen einen Platz im begleiteten Wohnen anbieten zu können, wollte die Streetchurch kurzfristig zusätzlichen Wohnraum mieten. Zuerst sah es aufgrund der Kompetenzen und Bewilligungsverfahren so aus, als sei dies nicht möglich. Philipp Nussbaumer suchte das Gespräch mit Claudia Bretscher. Sie brachte die Idee eines befristeten Vertrags auf für die Zeit, bis die Miete ins neue Budget würde aufgenommen werden können. Das überzeugte die Geschäftsstelle der Kirchgemeinde, denn so konnten die geltenden Bestimmungen eingehalten und die Wohnung dennoch zugemietet werden. Dazu musste aber auch die Vermieterin mitmachen. Der Geschäftsleiter telefonierte mit ihr. Sie sagte: «Wir finden gut, was ihr macht.» So klappte es schliesslich. «Es braucht Ausdauer», sagt Philipp Nussbaumer, «und auf der anderen Seite Leute, die sagen: So war das zwar nicht gedacht – aber es geht.»

Zusammenfassend lässt sich sagen: Es braucht in der Kirchenleitung Menschen, die Spielraum schaffen, und es braucht an der Basis Menschen, die den Spielraum nutzen. Dann entsteht innerhalb des einen Regelwerks eine Vielfalt an Ausdrucksformen und Facetten kirchlichen Lebens.

Ideen zum Selbermachen

Die lange Nacht der offenen Kirchen

Der Bezirk Andelfingen ist strukturschwach und dünn besiedelt. «Wir wachsen kaum. Man kennt uns vor allem als Erholungsraum für Städterinnen und Städter», formuliert es Hans Peter Werren (Pfarrer). Er sieht darin aber eine Chance. Denn trotz der Weitläufigkeit sind sich die Menschen, die hier wohnen, nah. «Wir kennen und brauchen einander», sagt Hans Peter Werren.

Darum gibt es in der Kirche regelmässig Bezirksanlässe: die Silvesternacht, eine Pfingstmontagwanderung, eine ganztägige Pilgerwanderung in der Schöpfungszeit und seit 2008 in unregelmässigen Abständen die lange Nacht der offenen Kirchen im späten Herbst.

Ziel der langen Nacht ist es, dass die Bevölkerung die unterschiedlichen Kirchenräume im Bezirk erleben kann und Einblick in andere Gemeinden erhält. Sie ist darum ökumenisch organisiert. Die Weitläufigkeit wird dabei bewusst genutzt: Ein bis zwei Extrabusse fahren die 100–200 Personen in der Nacht von Dorf zu Dorf. Von 18 Uhr bis 1 Uhr in der Nacht ist jeweils eine halbe Stunde für das Programm in einer Kirche und eine halbe Stunde für die Weiterfahrt eingeplant. «Da kommt man schnell ins Gespräch», so Hans Peter Werren, «und beim gemeinsamen Essen, das in einer Kirche angeboten wird, kann es vertieft werden.»

«Spannend ist, wenn die Eigenheiten der Kirchgemeinden beim Programm zum Zug kommen», sagt der Pfarrer. Das kann über den Frömmigkeitsstil wie bei einer Taizé-Feier oder einem byzantinischen Abendgebet geschehen, über die Musik- und Instrumentenauswahl, über Bilder, Filme oder Geschichten. Die Organisation der langen Nacht ist sowohl für die regionale Vorbereitungsgruppe als auch für die Kirchgemeinden arbeitsintensiv. Aber Hans Peter Werren hofft, dass bald wieder eine geplant wird, denn: «Es ist eine grosse Freude, die Menschen jeglichen Alters und aus den verschiedenen Kirchgemeinden beisammen zu sehen!»

Ideen zum Selbermachen

Biodiversität auf der Kirchenwiese

Buchs und Rasen. So sah der Umschwung der Kirche in Meilen aus. Bis der Schädling kam: Der Buchsbaumzünsler liebte die eintönige Umgebung und frass und frass. In dieser Situation entschied die Kirchenpflege: mehr Vielfalt soll her!

Zusammen mit ihrer tschechischen Partnergemeinde rodeten die Meilemer den Buchs, trugen einen Teil des Rasens ab und tauschten Boden aus. Neu wurde neben Rasen auch eine Blumenwiese gesät, Rabatten wurden gegen verschiedene einheimische Stauden ausgetauscht und ein Teil des Rasens wurde zu einem Kiesgarten. Damit Kinder weiterhin spielen und Hunde herumtollen können, blieb ein Teil des Rasens bestehen: Neben Insekten und Kleintieren gehören auch sie zur Biodiversität der Kirchenwiese.

Die Vielfalt lädt jedes Jahr zu kleinen Projekten ein: im Vater-Kind-Wochenende wird ein Bienenhotel gebaut, am Brot-für-alle-Gottesdienst ein Gemüsebeet angelegt, im Unterricht werden Sonnenblumen gesät oder mit einer Konfklasse ein neuer Baum gepflanzt. Die grössere Vielfalt der Pflanzen- und Tierwelt hatte zur Folge, dass auch die Nutzung offener wurde.

Feyna Hartman (Kirchenpflegerin) rät, den Schritt hin zu mehr Biodiversität gut zu planen. Helfen können der örtliche Naturschutzverein oder kundige Landschaftsplanende. Denn eine Blumenwiese sollte beispielsweise nicht regelmässig mit dem Rasenmäher gemäht werden. Vielmehr braucht sie Zeit zum Wachsen – und, wenn sie dann mit der Sense geschnitten worden ist, zum Versamen.

Wer klein anfangen möchte, für den hat Feyna Hartmann einfache Tipps: in einer ruhigen Ecke einen Steinhaufen aufschichten, einen Ort definieren, wo Schnittholz liegen bleiben darf oder am Turm Nistkästen für Vögel anbringen. Wer weitere Inspiration sucht, findet diese bei oeku, dem Verein Kirchen für die Umwelt.

Tag 1 – Im Gespräch
Kirchgemeinde Eulachtal – Fusion

«Die Einheit der Kirchgemeinde ist bei Behörden und Mitarbeitenden spürbar.»

Anfang 2020 schlossen sich drei Kirchgemeinden zur weitläufigen Gemeinde Eulachtal zusammen. Schon vorher gab es in den Gemeinden je unterschiedliche Sozialräume. Mit dem Zusammenschluss vervielfachten sich diese, denn die geografischen Vorbedingungen, die Grösse der ehemaligen Kirchgemeinden und ihre Aktivitäten waren sehr unterschiedlich. Die neue Gemeinde Eulachtal wollte es darum genauer wissen: Wie unterschiedlich ist die Milieuverteilung? Verena Wüthrich-Peter (Kirchenpflegepräsidentin) und Stefan Gruden (Pfarrer) geben Auskunft.

Tag 1 – Im Gespräch
Kirchgemeinde Eulachtal – Fusion

Sie haben für alle Teile der zukünftigen Gemeinde eine Milieustudie machen lassen. Wie kam das?

Verena Wüthrich-Peter Ich habe die Sehhilfe der Milieus vor knapp 10 Jahren als Kirchenpflegepräsidentin der kleinen Gemeinde Schlatt kennengelernt. Als ich hörte, dass eine Person nur 2–3 Milieus erreicht, war ich erleichtert. Mit nur *einer* Pfarrperson *können* wir nicht alle erreichen. Sogar im kleinen Dorf.

Mittlerweile sind die Menschen im Dorf noch unterschiedlicher: Die einen suchen Ruhe und schöne Aussicht, andere haben ihre Kleintierzucht, es gibt diejenigen, die wegen ihrer Pferde hier sind, aber auch die, die sich nirgends sonst eine Wohnung leisten können. Interessiert hat uns: Wie sieht das im grossen Ganzen aus?

Was haben Sie aus der Studie gelernt?

Stefan Gruden Gewisse Unterschiede und Gemeinsamkeiten zwischen den Dörfern kannten wir. Mit Blick auf die Fusion wollten wir genauer wissen: Worin sind wir uns ähnlich und worin nicht? Das Resultat war überraschend: Die Milieuzusammensetzung ist überall ziemlich ähnlich.

Was bedeutete das für die weitere Planung?

SG Aufgrund dieses Befunds eigentlich wenig. Wäre klar geworden: Es gibt in einem der zukünftigen Gemeindeteile eine ganz andere Milieustruktur oder wir haben bisher das grösste Milieu übersehen, wäre das anders. Wir haben aber viele Leute aus Milieus, bei denen wir mit der traditionellen landeskirchlichen Arbeit gut fahren.

Als fusionierte Kirchgemeinde brauchten Sie neues Personal. Nach wem haben Sie gesucht?

SG Es steht und fällt mit den Köpfen! Hat man gute Leute, geht alles einfacher. Wenn nicht, wird es *en cheibe Murks*. Bei den Pfarrpersonen suchten wir nicht milieumässig nach der richtigen Mischung, sondern bezüglich alt-jung, Frau-Mann, eigene Erfahrungen mit der Zielgruppe. Das jetzige Team arbeitet sehr gut zusammen. Wir haben auch überlegt: Wollen wir Standort-Profilierungen? Und haben gemerkt: Nein, Personen-Profilierungen dünken uns zielführender.

VW Die Kirchenpflege haben wir proportional zu den Dörfern zusammengestellt. Die Behörden und Mitarbeitenden arbeiten sehr gut zusammen und lernen gemeinsam. Das freut mich sehr. Hier ist die Einheit der neuen Gemeinde spürbar.

Wie wird die Einheit für die Mitglieder sicht- und spürbar?

SG Historisch gibt es Verbindungen wie die Schule, den Turn- oder Schiessverein. Hat man an einem Turnfest gemeinsam eine Nacht durchzecht, kennt man sich. Das nützt jetzt.

VW Bei denjenigen, die neu zugezogen sind, gibt es noch nicht viele solche Verbindungen. Da wollen wir in Zukunft investieren. Was es aber bereits gibt, ist ein gemeinsamer Dankesanlass für die Freiwilligen, den knapp 100 Personen besuchen.

SG Ganz allgemein: Einheit wird erlebbar, wenn Menschen sich begegnen und kennenlernen. Begegnungsmöglichkeiten zu schaffen und zu erhalten, hat daher hohe Priorität.

Ideen zum Selbermachen

In unterschiedlichen Gruppen engagiert – einheitlich verdankt

«Warum erhalten Personen, die beim ‹Fiire mit de Chliine› mithelfen, jedes Jahr ein Geschenk und wir vom Gottesdienst-Fahrdienst nicht?», fragte ein freiwilliger Mitarbeiter der Kirchgemeinde Stäfa. Ja, warum eigentlich? Aufgrund der Frage merkten Kirchenpflege und Mitarbeitende: Alle organisieren die Suche nach Freiwilligen, die Zusammenarbeit, Begleitung und Verdankung unabhängig voneinander. Deshalb gab es grosse Unterschiede. Angesichts der vielen Einsatzgebiete ist dies nicht erstaunlich: vom Segellager über Cevi, Kirchenkaffee, offene Weihnachten, Spielnachmittag bis hin zum Kerzenziehen und mehr. Die Frage war nun aber: Wie gross sollen die Unterschiede sein? Wie gelingt es, dass sich die Freiwilligen als Teil einer Gemeinde verstehen? Die Kirchenpflege beschloss 2009, Standards zu erarbeiten und eine zentrale digitale Erfassung aller Freiwilligen und ihrer Aufgaben zu ermöglichen.

Mittlerweile orientieren sich die Mitarbeitenden in der Freiwilligenarbeit an sechs Standards (einladen, begegnen, begleiten, fördern, wertschätzen, danken). Um den Freiwilligen zu danken, haben sie einen 4-Jahres-Zyklus erarbeitet: Im einen Jahr erhalten alle Freiwilligen individuell eine Karte und ein kleines Geschenk. Im nächsten Jahr treffen sie sich innerhalb der Gruppe, in der sie sich engagieren, zum Essen. Im dritten Jahr gibt es einen Anlass im Bereich (zum Beispiel Kinder und Familie). Im vierten Jahr findet ein grosses Fest statt mit allen, die in der Gemeinde mitarbeiten.

«In diesem Turnus kommen alle zum Zug», sagt Alfred Ziegler (Kirchenpflege), «diejenigen, die sich in kleineren Gruppen wohlfühlen, aber auch diejenigen, die gern alle anderen sehen, die sich für das gleiche einsetzen. Wichtig ist das gerade da, wo der Einsatz individuell ist: Wer beim Fahrdienst mitmacht, erhält so trotzdem auch ein Gefühl für das Ganze!»

Das Miteinander von Generationen

Das Familien- und Generationenhaus Sonnegg öffnete 2015 nach acht Jahren Vorlauf seine Türen. Die Vision war es, einen Begegnungsort zu schaffen für die Vielfalt der Generationen, Kulturen und sozialen Milieus der rund 22 000 Einwohnerinnen und Einwohner von Zürich-Höngg. Bei der Gestaltung und Einrichtung des Hauses standen die Bedürfnisse der Generationen im Vordergrund. Jede Generation hat eigene Räume zur Verfügung: *Chinderhuus*, Jugendkeller, Bastelraum, Atelier, Küche, Generationencafé, Saal, Lounge, Markt und einen einladenden Aussenbereich für alle.

Im Konzept heisst es, das Haus fördere «Generationen nebeneinander, miteinander, durcheinander». Die Einheit in der Vielfalt soll gefeiert werden. Darum wurden von Anfang an Brücken zwischen den Generationen geplant. Dies funktionierte nicht überall gleich gut. Am besten gelingt es nach wie vor bei Familien mit kleinen und grösseren Kindern und Seniorinnen und Senioren: im Generationencafé, das wochentags am Nachmittag geöffnet hat, und am FamilienTag, der sechsmal im Jahr an einem Mittwochnachmittag stattfindet. Vom Baby bis zu den Grosseltern sind alle eingeladen.

Der FamilienTag ist ein niederschwelliges, kontaktförderndes Angebot. Gut 200 Personen nehmen jeweils am einen oder anderen Angebot des Tages teil. Denn: «Man kann kommen, bleiben und gehen – ganz nach den eigenen Bedürfnissen.» Gestartet wird mit einem kindergerechten Mittagessen. Danach gibt es die Möglichkeit, mit Bausteinen Burgen zu bauen, in der *Hüpfchile* zu hüpfen und zu rutschen, im Café Snacks und Kuchen zu geniessen, sich in Workshops zu bewegen oder zu basteln und vielleicht auch einmal ein Theaterstück oder Konzert zu sehen. Zu jedem FamilienTag gehört die «Geschichten-Kiste»: christliche Lieder, eine biblische Geschichte, Gebete und ein Segen machen dieses explizit christliche Format aus. Rund die Hälfte der Personen nehmen jeweils auch an dieser in den FamilienTag integrierten Stunde teil. So wird das Miteinander und Durcheinander der Generationen, aber auch der verschiedenen Menschen im Quartier deutlich sichtbar.

Tag 1 – Im Gespräch
Kirchenkreis 9 – Theologische Profile

«Leute, die gern dabei sind, sind Gold wert!»

Seit zwei Jahren ist der Kirchenkreis 9 innerhalb der fusionierten Grosskirchgemeinde der Stadt Zürich gemeinsam unterwegs. Die Pfarrschaft ist auf sechs Personen angewachsen. Unter ihnen gibt es unterschiedliche theologische Schwerpunkte. Muriel Koch (Pfarrerin) und Felix Schmid (Pfarrer) geben Auskunft darüber, wie sie mit der herausfordernden Vielfalt umgehen und wie sich diese auf die Gemeinde auswirkt.

Tag 1 – Im Gespräch
Kirchenkreis 9 – Theologische Profile

Sie sind ein Pfarrteam mit unterschiedlichen theologischen Ausrichtungen. Dennoch klappt es, sich wie eine Gemeinde zu fühlen. Was machen Sie richtig?

Felix Schmid Ich habe Mühe mit dem Lagerdenken. Vor 30 Jahren sagte man mir: «Du bist fromm, aber irgendwie anders.» Mein Traum ist, dass man einander zuhört und voneinander lernt.

Muriel Koch Ich glaube, das Lagerdenken nimmt ab. Glauben bedeutet doch Freiheit – und nicht, bewertet zu werden. Zudem habe ich als Pfarrerin meine Gemeinde im Blick. Nicht sie muss sich um mich und meine Theologie herum sortieren, sondern ich diene ihr.

FS In Johannes 17 träumte Jesus davon, dass wir eins sind und uns verstehen. Das heisst aber nicht, dass wir Einheit herstellen müssen. Das macht Gott. Wir können durchaus verschiedene Sprachen für unseren Glauben nutzen.

Gibt es trotz der unterschiedlichen Sprachen eine gemeinsame Motivation?

FS Wir haben einen Konsens: Wir sind kein Gemeinschaftszentrum, kein sozialer Verein, sondern Kirche. Hier sollen Menschen mit ihren letzten Fragen, ihrer Gottsuche und dem Wunsch nach Gemeinschaft einen Ort haben.

MK Auch wenn wir unterschiedliche Prägungen haben, schämt sich niemand von uns zu sagen: «Der Kern unseres Handelns ist der Glaube». Es hilft uns sicher, dass wir gerade fusioniert haben. Wir müssen zusammenspannen und gemeinsame Ziele suchen.

Was machen Sie ganz praktisch für die Einheit?

FS Wir als ganzes Team müssen eine attraktive Community sein. Wenn wir gern miteinander unterwegs sind, hat das eine Strahlkraft. Darum nehmen wir uns Zeit: um gemeinsam zu arbeiten, aber zum Beispiel auch, um miteinander zu feiern.

MK Wir sprechen die Einheit auch bei den Mitgliedern an. Ich sage immer wieder, sie sollen auch zu anderen Pfarrpersonen und in andere Formate gehen. Man hat schliesslich nie ausgelernt.

FS Gerade wenn Leute sagen, eine andere Theologie passe ihnen nicht, gebe ich Gegensteuer. Ich frage sie: «Willst du nur hören, was du bereits glaubst, oder willst du zum Nachdenken angeregt werden?»

Wie reagieren die Menschen? Halten sie sich an den Rat?

FS Im Grossen und Ganzen haben wir viele Mitglieder, die integrativ wirken: eine Familie mit vier Schulkindern zum Beispiel. Sie kommen an verschiedene Anlässe und prägen diese teilweise auch mit. Sie sagen: «Das ist unsere *Church* – und zwar die gesamte und nicht nur ein Format.» Leute mit dieser Einstellung sind unbezahlbar.

MK Ich sehe auch nur wenige Leute, die bloss an Anlässen «ihrer» Pfarrperson teilnehmen. Das zeigt, dass sie sich als Teil *einer* grossen Gemeinde fühlen. Dennoch wollen wir ihnen verschiedene Sprachen bieten. Darum feiern wir zum Beispiel einmal im Monat am Sonntag um 17.00 Uhr den Impuls-Gottesdienst.

FS Mein Vorgänger hatte ihn ins Leben gerufen. Als ich vor 12 Jahren hier anfing, war er das Sammelbecken der «Frommen». Mittlerweile gehört er zum Gemeindeleben aller dazu als Gottesdienst mit einem anderen Stil: modernere Musik, andere Instrumente, ein Kinderprogramm, eine andere Zeit – das ist für unterschiedlichste Menschen attraktiv!

Tag 1 – Methode
Einführung

Golden Circle

Simon Sinek sagt im TED-Talk, in dem er den *Golden Circle* vorstellt, sinngemäss: «Alle wissen, *was* sie tun. Einige wissen, *wie* sie es tun. Doch nur wenige wissen, *warum* und *wozu* sie etwas tun.» Anhand der Analyse erfolgreicher Projekte, Erfindungen oder Unternehmen aber erkannte er: Nur wer eine klare Mission hat und weiss, *warum* und *wozu* er oder sie etwas tut, inspiriert andere Menschen und verändert die Welt. Als Erstes muss eine Person oder Organisation darum nicht wissen: «Was tun wir?» oder «Welches Bedürfnis befriedigen wir?» – sondern: «Was treibt uns an?» Wer den Antrieb teilt, wird inspiriert und arbeitet gern mit.

Why – Warum und Wozu?

Beim Warum und Wozu geht es nicht um ein bestimmtes Resultat, das man erreichen möchte. Es geht weder um «Geld verdienen» noch um «keine Mitglieder verlieren». Es betrifft den innersten Kern: Warum und wozu gibt es die Kirche überhaupt? Warum und wozu tun wir, was wir tun? Was ist unser Auftrag? Was verbindet uns miteinander? Das *why* bildet die Einheit der Organisation ab.

Die Kirche scheint gegenüber anderen Organisationen einen Vorteil zu haben. Warum es sie gibt, ist seit bald 2000 Jahren geklärt: «Die Kirche hat den Auftrag, das Evangelium von Jesus Christus in Wort und Tat zu verkünden.» So oder ähnlich steht es in den Kirchenordnungen der verschiedenen reformierten Kirchen in der Schweiz. Beat Hänni und Felix Marti, beide Pfarrer und Organisationsberater, beschreiben diese Verkündigung als Zeugnis vom versöhnenden, heilenden, befreienden und Leben fördernden Handeln Gottes in der Welt.

Der Vorteil verflüchtigt sich, wenn gefragt wird, wie dieser Auftrag in der aktuellen Zeit konkret verstanden und umgesetzt werden soll. Allgemeine Leitsätze scheinen nur wenige Menschen zu inspirieren. Simon Sinek schlägt vor, bei der Warum-Erklärung nicht auf den rationalen, sprachverarbeitenden Teil des Hirns zu zielen. Wirkungsvoller sei der Anschluss an das limbische System, das die Steuerung von Emotionen sowie das Gedächtnis und den Antrieb beeinflusst. Die Warum-Erklärung sollte sich richtig anfühlen und eine emotionale Reaktion hervorrufen. Martin Luther King sagte nicht: «Ich habe einen Plan mit folgenden zehn Punkten.» Sondern: «Ich habe einen Traum!»

Tag 1 – Methode
Golden Circle – How

How – Wie?

Ist erst einmal das Warum geklärt, lässt sich danach fragen, *wie* das Warum am besten erzielt werden kann. *Wie* muss eine Organisation vorgehen, um die in der Warum-Erklärung herausgeschälte Aktivität so zu gestalten, dass die Auswirkungen möglichst breit sind? Das Warum teilt man möglicherweise mit anderen Organisationen – das *Wie* macht den Unterschied. Was macht die eigene Herangehensweise einzigartig?

Die verschiedenen Kirchen, die es gibt, haben im Grunde alle dieselbe Warum-Erklärung. Die Frage ist darum: *Wie* machen wir das? *Wie* setzen wir das Warum bei uns in der Kirche oder Kirchgemeinde um? Welche Werte prägen uns? *Wie* gestalten wir die Zusammenarbeit und den Umgang mit den Menschen? Welche Ideale leiten unsere Prozesse und Abläufe?

Tag 1 – Methode
Golden Circle – What

What – Was?

Der äusserste Kreis symbolisiert dann das, *was* die Organisation tut. Welche Aktivitäten planen wir? *Was* sind unsere professionellen Dienstleistungen und Angebote? *Was* erarbeiten wir gemeinsam mit interessierten Personen? Wie übersetzen wir das, was wir glauben, in das, *was* wir tun?

Sinek geht davon aus, dass die Menschen nicht wegen dem kommen, was eine Organisation tut. Sie kommen vielmehr wegen dem, wofür sie steht. Sie kommen wegen der Warum-Erklärung und wegen der Art und Weise, *wie* diese umgesetzt wird. Zudem kommen sie nicht für die Organisation, sondern für sich selber. Sie kommen, weil die Warum-Erklärung sie berührt, weil sie sie teilen und an ihrer Verwirklichung mitarbeiten wollen. Sie kommen, weil sie ein Teil werden wollen von dem, woran sie glauben und was sie antreibt. Dafür sind sie bereit, sich einzusetzen mit Zeit, Geld und Aktivität. →Tag 4 und 5

Damit also eine Organisation wie die Kirche für das Leben der Menschen bereichernd sein kann, braucht es Menschen mit einer Mission, die wiederum andere Menschen inspirieren. Die Mission bildet den Grundbaustein, auf dem die Kirche weltweit steht. Wie sie ins alltägliche Leben umgesetzt wird, unterscheidet sich von Person zu Person, von Kirchgemeinde zu Kirchgemeinde, von Projekt zu Projekt und von Format zu Format. Sie verwandelt sich in eine Vielfalt von Aktivitäten, die der Vielfalt der Menschen angemessen ist. →Tag 2

Tag 1 – Anwendung I
Golden Circle – Why

Warum finde ich die Kirche toll?

Tag 1 – Anwendung I
Golden Circle – Why

Ziel
Die Mitarbeitenden und Behördenmitglieder verfassen einen ersten Entwurf einer Warum-Erklärung für ihre Kirchgemeinde. Sie fassen in Worte, was die Kirche ihnen bedeutet. Sie benennen, warum ihnen die Kirche wichtig ist und sie ihr Zeit schenken.

Die Anwendung wird mit Blick auf «die Kirche» durchgespielt. Sie kann aber auch für «die Kirchgemeinde» oder ein einzelnes Format wie «den Sonntagsgottesdienst» durchgeführt werden. →*how* und *what*

Vorbereitung
Macht euch mit dem *Golden Circle* vertraut. Besonders wichtig ist die Unterscheidung der Kommunikation von ⓐ aussen nach innen (was, wie, warum?) und ⓑ von innen nach aussen (warum, wie, was?). Dies kann anhand eines Beispiels gezeigt werden:

ⓐ «Wir machen Gottesdienste (was), deren Musik und Sprache auf junge Menschen abgestimmt sind (wie). Darum: Komm doch auch mal!» (warum fehlt.)

ⓑ «Wir geben jungen Menschen eine Plattform, damit sie so feiern können, wie es ihnen entspricht (warum). Darum machen sie einmal monatlich im Gottesdienst selber die Musik und gestalten zusammen mit der Pfarrerin die Verkündigung (wie und was). Mach doch auch mal mit!»

43 Tag 1 – Anwendung I
Golden Circle – Why

Durchführung

Vorbemerkung: Für die folgenden Übungen ist es wichtig, wenn immer möglich anschauliche Geschichten zu erzählen. Lebendig erzählte Erfahrungen haben einen stärkeren Effekt.

① *In kleinen Gruppen (2–4 Personen):* Erzähle, warum du dich entschieden hast, in der Kirche zu arbeiten oder dich ehrenamtlich zu engagieren. Was fasziniert dich an der Kirche und was motiviert dich zu deiner Arbeit? In welchen Momenten hatte die Kirche den grössten positiven Einfluss auf dein Leben?

② *Im Plenum:* Erzählt die zwei Geschichten aus der Gruppe, die die stärkste emotionale Reaktion hervorgerufen haben. Überlegt euch zu jeder Geschichte, was der Beitrag der Kirche war. Was haben die Menschen, die für euch für «die Kirche» standen, in diesem Moment gemacht? Notiert dies als Verb (beispielsweise «begeistern», «lieben»).

③ *In kleinen Gruppen:* Diskutiert folgende Fragen: Wie beeinflusste das, was in den Geschichten geschehen ist, mich selber und die Menschen um mich herum? Welchen Einfluss hatte es auf mein und ihr Leben? Ergänzt die Liste mit diesen Wirkungen.

Auswertung

Erarbeitet in den kleinen Gruppen je einen Vorschlag für eine Warum-Erklärung. Sie benennt zuerst die Aktivität der Kirche («Wir erzählen den Menschen von Gottes liebendem Handeln in der Welt und leben danach.») und dann die Auswirkung, die das auf die betroffenen Personen hat («… damit sie erfahren können, was es heisst, geliebt zu werden.»). Der erste Teil der Warum-Erklärung speist sich aus Teil ② der Durchführung (was die Kirche tut), der zweite aus Teil ③ (was die Auswirkung ist).

Besprecht die Vorschläge im Plenum. Wählt einen Entwurf aus, der in der kommenden Zeit weiter bearbeitet wird.

Tag 1 – Anwendung II
Golden Circle – How

Was zeichnet unsere Kirchgemeinde aus?

Tag 1 – Anwendung II
Golden Circle – How

Ziel
Die Mitarbeitenden und Behörden einer Kirchgemeinde formulieren fünf präzise Statements, wie sie in den einzelnen Aktivitäten der Kirchgemeinde die Warum-Erklärung umsetzen.

Vorbereitung
Nehmt für die Ausarbeitung des *Wie* die Notizen der Erarbeitung des *Warum* wieder hervor. Wichtig wird jetzt die Liste mit den Begriffen aus den Diskussionen in ② und ③, die nicht in die Warum-Erklärung eingeflossen sind.

Durchführung
Schaut euch die Liste mit den Aktivitäten an, die die Kirche in ihren besten Momenten gezeigt hat. Streicht alle durch, die bereits in die Warum-Erklärung geflossen sind. Einigt euch aus den verbliebenen auf maximal fünf Aktivitäten (beispielsweise «etwas zutrauen», «neugierig sein», «das Gute sehen», «Unterstützung bieten», «Zeit miteinander verbringen»). Durch diese fünf Aktivitäten wird das *Warum* lebendig. Jedes einzelne dieser *Wie*-Statements kann durch zusätzliche Erklärungen präzisiert werden.

Wichtig ist, dass die fünf *Wie*-Statements nicht ein wünschenswertes Ideal erzählen. So ist Kirche bereits in ihren besten Momenten. Das heisst, sie sind nicht idealistisch, sondern realistisch.

Auswertung
Die fünf *Wie*-Statements können mit der Warum-Erzählung verwendet werden, um zu planen und Entscheidungen zu treffen.

Ein Beispiel: Der Konfirmanden-Unterricht soll eine neue Form bekommen. *Wie* soll er aussehen?

Neben der klassischen Unterrichtszeit wird ein gemeinsames Essen zu Beginn der Einheiten eingeplant («Zeit miteinander verbringen»). Die Konfirmandinnen und Konfirmanden stellen eine Liste mit Themen zusammen, die sie interessieren («neugierig sein»). Sie tragen sich als Expertinnen und Experten bei den Themen ein, zu denen sie etwas beitragen können

Tag 1 – Anwendung II
Golden Circle – How

(«etwas zutrauen»). Gemeinsam mit dem Leitungsteam werden die entsprechenden Einheiten vorbereitet. Dabei gibt es Raum für persönliche Gespräche («Unterstützung bieten», «Zeit miteinander verbringen»). Bei der Umsetzung der Einheiten steht nicht die Perfektion im Vordergrund, sondern das, was die Jugendlichen beisteuern, und wie sie den Unterricht bereichern («das Gute sehen»).

 Für Methodenmuffel
Stelle in Sitzungen, Projektgruppen und anderen Meetings an der richtigen Stelle die Frage: «Wozu nochmals tun wir das eigentlich genau?»

Tag 2

Kontext

	Einführung		**Methode Sozialraumanalyse**
51	Kontext		
	Story	69	Einführung
54	Orbit Winterthur	70	Daten und Fakten
		72	Erkundung
	Im Gespräch		
65	RefLab – Kirche als digitale Konversation		**Anwendung I**
		73	Nadelmethode
67	Green City Spirit – Kirche im Neubauquartier		**Tool**
		74	Lebenswelten
			Anwendung II
		76	Lebenswelten

Wie verä
Kirche in
moderne

dert sich

ach-

Zeiten?

☑ Tag 2
Tagesziel

Die Kirchgemeinde entwickelt eine Sensibilität für die Herausforderungen und Chancen in ihrem Sozialraum.

○ Du hast dich einen Tag lang in einem Quartier aufgehalten und aufmerksam aufgenommen, was du siehst, hörst, riechst, schmeckst und fühlst.
○ Du hast dich in der digitalen Welt in verschiedene Sprach- und Bildwelten begeben und kannst Vorlieben unterschiedlicher Gruppen benennen.
○ Du hast eine Person aus einem Milieu kennengelernt, das dir fremd ist.

Tag 2 – Einführung
Kontext

Paulus goes West

In der Apostelgeschichte erzählt Paulus verschiedensten Menschen von Jesus. Auffällig ist, wie er seine Rede dem Publikum anpasst. Als er beispielsweise zu Juden spricht (Apg 13,16–41), springt er nach einer Zusammenfassung der jüdischen Geschichte von der Erwählung der Väter bis zu König David zu dessen Nachkomme Jesus. Anders geht Paulus in Athen vor (Apg 17,22–31), der Stadt der heidnischen Philosophen. Hier erzählt er von Gott dem Schöpfer von Himmel und Erde. Über eine Kritik am Götzenkult mit Tempeln und Statuen kommt er zum letzten Gericht und zu seinen radikal neuen Gedanken über Jesus, der hier aber namenlos bleibt. So lange wie möglich verwendet Paulus die Sprache und Gedankenwelt der Athener: Er betreibt kontextuelle Theologie.

Paulus beschreibt seine Methode im Ersten Brief an die Korinther (1Kor 9,20–22): Er wurde den Juden ein Jude, denen unter dem Gesetz einer unter dem Gesetz, denen ohne Gesetz einer ohne Gesetz, den Schwachen ein Schwacher, ja «allen bin ich alles geworden». Paulus passt sich an, um seinem Publikum gemäss das Evangelium am besten verkünden zu können.

Nachmoderne Zeiten

Die heutige Zeit ist eine andere Zeit als diejenige von Paulus. Dennoch bleibt seine Vorgehensweise bemerkenswert. Seit den 1970er-Jahren zeichnet sich ein Wandel in der Gesellschaft ab: von der Zeit der Moderne in eine «nach-» oder «postmoderne» Zeit. Der Soziologe Zygmunt Bauman spricht von «flüchtiger Moderne», sein Kollege Ulrich Beck von der «Zweiten Moderne», und Andreas Reckwitz von der «Spätmoderne». Die Nachmoderne unterscheidet sich von der Moderne darin, dass nicht Einheit und Stabilität vorherrschen, nicht das Allgemeine und rationalisierte Prozesse betont werden, sondern im Gegenteil die Vielfalt: Es gibt nicht *einen* für alle überzeugenden Ansatz, die Welt und ihr Funktionieren zu erklären, sondern viele verschiedene Erzählungen. Es gibt nicht *einen* Standardlebenslauf, der möglichst geradlinig verlaufen soll, sondern eine Vielzahl von

Lebenswegen, bei denen Schlaufen und Umwege dazu gehören. Es gibt nicht *einen* gemeinsamen höchsten Wert, sondern alle können sich ihren Wertefächer selber zusammenstellen. Es gibt nicht *eine* einheitliche Gesellschaft, sondern die Gesellschaft wird multikulturell. Wichtig ist es in der neuen Zeit, den eigenen Weg zu finden und zu gehen.

Und die Kirche?

Diese gesellschaftlichen Veränderungen hin zu einer Pluralisierung der Möglichkeiten und zu einer Individualisierung der Auswahl gehen einher mit globalen Megatrends in unterschiedlichen Bereichen der Gesellschaft wie Arbeit, Mobilität oder geschlechterspezifische Rollen. Alle diese Veränderungen gehen an der Kirche vor Ort nicht spurlos vorbei. Sie betreffen auch die Bereiche der persönlichen Spiritualität, des Glaubens und der gelebten Gemeinschaft. Kirchen und Kirchgemeinden müssen sich neue Fragen stellen: Wie lernt die Kirche, die Menschen in ihrer Vielfalt wahrzunehmen und anzusprechen? Wie bezieht sie die vielfältigen Lebenssituationen und Werteentscheidungen der Menschen mit ein? Wie lebt sie Vielfalt – ohne die Einheit, das Zentrum und den Grund zu verlieren? Wie kann sie, mit Paulus gefragt, der Hochschuldozentin und dreifachen Mutter eine Hochschuldozentin und dreifache Mutter, dem pensionierten Kranführer ein pensionierter Kranführer und dem Kind mit Migrationshintergrund ein Kind mit Migrationshintergrund sein?

Diese Haltung und dieser Auftrag ist auch Teil der Kirchenordnung der Zürcher Landeskirche: →Art. 5

① Die Landeskirche ist den Menschen nah und spricht sie in ihrer Vielfalt an.
② Als Volkskirche leistet sie ihren Dienst in Offenheit gegenüber der ganzen Gesellschaft durch
    ⓐ die Verkündigung des Wortes Gottes in Liturgie, Predigt, Taufe und Abendmahl,
    ⓑ die Zuwendung aufgrund des Wortes Gottes in Diakonie und Seelsorge,

Tag 2 – Einführung
Kontext

© die Auseinandersetzung mit dem Wort Gottes in der Bildung von Kindern, Jugendlichen und Erwachsenen,
ⓑ die Ausrichtung am Wort Gottes beim Aufbau der Gemeinde.

Aufmerksamkeit als Grundkompetenz

Um die Menschen in ihrer Vielfalt ansprechen zu können, muss ihre Vielfalt überhaupt gesehen werden. Darum lautet die Aufforderung in diesem Kapitel, genau hinzuschauen, den Sozialraum der Gemeinde zu entdecken und die Menschen kennenzulernen, die sich darin bewegen. Es gilt, Augen und Ohren offen zu halten und aufmerksam zu sein.

Die *Story* vom Orbit in Winterthur zeigt, wie Kirche für berufstätige Menschen in einem Neubaugebiet aussehen kann, das für Kreativität und Innovation steht. *Im Gespräch* erzählt Chatrina Gaudenz von kontextsensibler Arbeit im Neubaugebiet Green City, die ganz anders aussieht. Und *Im Gespräch* mit Stephan Jütte vom RefLab zeigt sich nochmals ein komplett anderer Kontext: Wie können Milieus erreicht werden, die keinen realen Versammlungsraum suchen, sondern digital unterwegs sind? Die drei Projekte stellen bestimmte Zielgruppen ins Zentrum und orientieren sich in Sprache, Auftritt und Aktivitäten an deren Gewohnheiten. Sich bewusst auf eine Gruppe zu fokussieren, bedeutet auch, dass andere Gruppen sich nicht angesprochen oder gar ausgeschlossen fühlen. Doch durch die vielfältigen Zugänge erfahren viele Menschen von Gott und lernen die Kirche und ihre Aktivitäten besser kennen.

Unter *Ideen zum Selbermachen* werden zwei Aktionen vorgestellt, in denen die Kirche in den Sozialraum hinaustritt. Sie wird sichtbar, fassbar und ansprechbar. Weitere Möglichkeiten, wie man den Sozialraum der Gemeinde kennenlernen kann, sind unter *Methoden* zu finden: Die Sozialraumanalyse bietet dazu auf verschiedenen Ebenen hilfreiche Zugänge.

Tag 2 – Story
Orbit Winterthur

Gemeinsamer Gestaltungswille im Orbit

Das ehemalige Sulzerareal in Winterthur ist ein Ort voller Pioniergeist und ein Sinnbild für Aufbruch. Zieht die Kirche mit?

Tag 2 – Story
Orbit Winterthur

Mitten in Winterthur entsteht ein neues Quartier: auf dem Sulzerareal in der Stadtmitte wird gebaut. Nach Dampfmaschinen, Dieselmotoren und Lokomotiven prägen seit Mitte der 1990er-Jahre kreative und innovative Zwischennutzungen das Gebiet. Dazu gibt es Wohnungen, Cafés und Restaurants, ein Programmkino, öffentliche Werkstätten, Kulturräume, Start-ups, Coworking-Spaces, ein Museum, diverse kreative Kleinunternehmen, die Zürcher Hochschule für angewandte Wissenschaften, Räume für Sport und vieles mehr. Das Areal ist ein Ort voller Pioniergeist und ein Sinnbild für Aufbruch. – Und die Kirche? Nach dem Abriss der «Fabrikkirchen-Halle» musste eine Idee her, die zu den Personen passt, die sich auf dem Areal bewegen.

Prozessstart

Ein erstes Mal überlegte die Stadtkirche bereits früh im Arealentwicklungsprozess, wie sie vor Ort präsent sein könnte. Monika Wilhelm (Theologin) machte eine Sozialraumanalyse. →Methoden Sie sammelte Daten und Fakten sowie persönliche Eindrücke zum Quartier. Sie führte Gespräche und hörte Bedürfnisse. Und sie las in der städtischen Milieustudie, dass im Tössfeld überdurchschnittlich viele junge Eskapisten, moderne Performer und Experimentalistinnen wohnen – nicht das traditionelle Kirchenpublikum, sondern junge, unkonventionelle Menschen, die Veränderung spannend finden.

Sechs Jahre später beginnt die dritte grosse Bauetappe auf dem ehemaligen Sulzerareal: Wohn- und Gewerberaum für mehrere Tausend Personen entsteht. Die Stadtkirche startet mit Monika Wilhelm, Roland Krauer (Grafiker) und Melanie Mock (Szenografin) den «Orbit». Dabei bauen die drei lose auf den Erkenntnissen der früheren Analyse auf. Der Orbit ist einerseits eine Bürogemeinschaft von kreativen Selbständigen. Sie erproben darin eine gesunde und achtsame Mischung von Arbeit, Spiritualität und Privatem. Andererseits wird das Büro ein- bis zweimal im Monat zu einem Ort für öffentliche Veranstaltungen. Das Team gehört zur Zielgruppe, lebt seit Längerem in Winterthur und kann so viele persönliche Kontakte einbringen.

Tag 2 – Story
Orbit Winterthur

Flüssige Kirche in der Theorie

Die öffentlichen Formate erarbeitet das Team jeweils in Kooperation mit mindestens einer weiteren Person als zeitlich beschränktes Projekt. Diese projektorientierte Vorgehensweise entspricht den Milieus, die es ansprechen will: statt Tradition und Gemeinschaft suchen diese Veränderung, Individualisierung und Erleben. Die Kirche mit ihrer relativ stabilen Struktur und den seit Jahrzehnten gleichen Formen spricht sie wenig an. Im Anschluss an Zygmunt Baumans Analyse der heutigen Zeit als flüchtige oder «flüssige Moderne», in der alles stetig im Wandel und wenig überschaubar ist, denkt Orbit dies für die Kirche weiter: Es geht nicht um feste, religiös zentrierte Vergemeinschaftung wie bei Vereinen. Es geht darum, Möglichkeitsräume anzubieten und Vielfalt zu leben. Weil dies nicht von den immer gleichen Mitarbeitenden geschafft werden kann, braucht es Kooperationen, die neue Impulse bringen. Dabei muss man Deutungshoheit abgeben und zulassen, dass Dinge passieren, die nicht planbar sind.

Wichtig werden die situativ intensiven Kontakte. Dabei handelt die flüssige Kirche ganz in biblischer Tradition: Veränderung passiert auch da, wo ein Leerraum Horizonte eröffnet. Dies geschieht in den Evangelien beim leeren Grab oder immer da, wo Jesus jemandem einmalig begegnet, und diese Person dann nicht mit Jesus mit-, sondern nach Hause geht.

«Modelle bauen für eine bessere Welt» – Orbit in der Praxis

Was bedeutet «flüssige Kirche» ganz konkret für die Winterthurer Stadtkirche im ehemaligen Sulzerareal? Anhand eines Projekts lässt sich das zeigen: Melanie Mock, Roland Krauer und Monika Wilhelm haben eine Szenografin eingeladen, damit sie mit ihnen eine neue Ausgabe der Reihe «Modelle bauen für eine bessere Welt» ausheckt. Die Grundidee dieser Reihe wurde so formuliert: «Bauen hilft beim Nachdenken. Während die Hände mit Karton, Knete und Heissleim beschäftigt sind, sind unsere Köpfe frei, Lösungen zu finden für die dringlichsten Herausforderungen unserer Zeit.»

Tag 2 – Story
Orbit Winterthur

Tag 2 – Story
Orbit Winterthur

Das Motto für die aktuelle Ausgabe heisst dann «Nähe und Weite. Das Mass der Ausdehnung». Die rund zwanzig Teilnehmenden erhalten ein Materialpaket und inspirierende Fragen und Texte zugeschickt. Damit starten sie ihre persönliche Auseinandersetzung mit dem Thema in Bezug auf ihre Mitmenschen, ihre Umwelt und die grösseren Zusammenhänge, in die sie eingebettet sind und zu denen auch Gott gehören kann. Dabei bauen sie das Material zu einem Modell zusammen, das einen Aspekt ihrer Gedanken sichtbar macht. Das Modell bringen sie in den Orbit zurück und erzählen von ihren Gedanken und den Erfahrungen und Erkenntnissen während des Bauens. Jedes Modell wird einzeln filmisch dokumentiert. Die beiden Szenografinnen setzen die Modelle zueinander in Beziehung und fügen sie im Schaufenster zusammen. Im Anschluss interpretieren eine Landschaftsarchitektin, ein Theologe und ein Psychoanalytiker die Modelle aus fachlicher Sicht. Die Interviews und der Modell-Film werden allen Teilnehmenden zugestellt und sind auch auf der Webseite für alle zugänglich. Auf dem Orbit wurde damit eine Runde gedreht. Das Team ist bereit für ein neues Projekt.

Zusammenspiel von Kontext und kirchlichen Entwicklungen

Das Orbit-Team arbeitet im Projektmodus mit Kreativschaffenden vor Ort. Ein Projekt kann dabei verschiedene Ausdehnungen haben: von der losen Zusammenarbeit über einen Monat hinweg bis hin zu zeitlich intensiven Engagements, die drei bis vier Monate dauern. Das Arbeiten in Projekten kennt die Zielgruppe gut: Sowohl im Bereich der kreativ Tätigen als auch bei jungen Start-ups arbeitet man in diesem Modus.

Dass der lebensweltliche Kontext der Menschen einen Einfluss auf die Organisations- und Vergemeinschaftungsformen in der Kirche hat, ist kein neues Phänomen. Nicht immer war dabei die *Arbeit* das bestimmende Element. Bei Jesus und Paulus war es die *Schule*, bei den Territorialgemeinden, die wir bis heute kennen, ursprünglich die *Politik*. Denn dass Menschen zu einer Kirchgemeinde vor Ort gehören, ist ein Erbe des Mittelalters:

Tag 2 – Story
Orbit Winterthur

Während knapp 1000 Jahren waren Kirchgemeinden den politischen Verwaltungsbezirken angeglichen. Nicht verwunderlich ist, dass es dazu auch Gegenbewegungen gab: So waren beispielsweise die mönchischen Bettelorden aus dem 13. Jahrhundert eine Reaktion auf kirchliche und soziale Missstände.

Von der Kirche für alle zur Kirche in allen Formen

Im 19. Jahrhundert veränderten sich die Lebensformen vieler Menschen in Mitteleuropa: Durch die Industrialisierung wuchsen die Städte und waren keine guten Vorbilder mehr für die Kirchen in Fragen der Organisation. Die Kirchen spalteten sich in kleinere Einheiten auf und versuchten, eine Gemeinschaft ähnlich einem *Verein* zu bilden. Diese hatten im 19. Jahrhundert im Zuge der Industrialisierung einen Aufschwung erlebt. In einem Verein kennt man jedes Mitglied mit Namen, man hilft einander und verbringt Zeit miteinander. Ein grosser Teil der Mitglieder nutzte die Kirche aber weiterhin vor allem für professionelle religiöse Dienstleistungen. Man erkannte erstmals deutlich, dass die Bedürfnisse der Menschen sehr verschieden sind und es schwierig ist, mit *einer* Form von Kirche alle zu erreichen. Um den unterschiedlichen Bedürfnissen entgegenzukommen und mehr Menschen zur Partizipation zu bewegen, entwickelten vor allem städtische Kirchgemeinden im 20. Jahrhundert Schwerpunkte und Profile (Musik, Jugend, Diakonie).

Dieser Weg wurde bis heute weiterentwickelt: Kirchliche Formen und Orte wie der Orbit sprechen neue Zielgruppen stadtübergreifend an. So entsteht eine Vielfalt an Formen und Orten: Die einen orientieren sich am Lebens*raum* der Menschen, die anderen an der Lebens*welt*. Eine Verankerung vor Ort ist möglich, wie der Orbit zeigt, muss aber nicht sein. All diese Formen und Orte sind «Kirche», auch wenn keine klassischen Gottesdienste gefeiert werden. Dennoch wird in ihnen das Evangelium gelebt und erlebbar. So sind sie Kirche in einer Form wie es für die Menschen, mit denen sie unterwegs sind, jeweils am besten passt und verständlich ist.

Die Kirchenbank geht ins Dorf

«Guten Tag, ich bin die Kirchenbank Normalerweise stehe ich in der Kirche. Nun möchte ich diese Situation einmal ändern. Manchmal kommen Sie zu mir – jetzt möchte ich zu Ihnen kommen und die Welt ausserhalb der Kirchenmauern sehen.» Mit dieser Ankündigung in der Kirchenzeitung machte eine blassbraune, langweilig aussehende und harte Kirchenbank in Bäretswil auf sich aufmerksam. Gut sieben Monate später kam sie zurück in die Kirche: dunkelbraun, gefärbt von der Sonne «und den dreckigen Schuhen», voller farbiger Unterschriften von Menschen aus allen Generationen und mit einem Geschenk für sich und die anderen Kirchenbänke: farbigen Kissen.

Auf ihrer Tour durchs Dorf folgte die Kirchenbank einem Plan: Von der Alterssiedlung zur Schule und von der Käserei zur *Chilbi* standen Orte und Anlässe auf dem Programm, bei denen sie Menschen treffen wollte. Diese konnten auf ihr essen, Musik hören, ausruhen oder über Gott und die Welt diskutieren. Die Kirchenbank plante aber auch Pufferzeiten ein, um bereit zu sein für spontane Anfragen. So war sie hocherfreut über das Mail mit der Einladung zum Nationalfeiertag: «Liebe Kirchenbank, ich lade dich zu unserer 1. August-Feier ein.» Auch politisch wurde sie aktiv, lancierte eine Petition für Sitzkissen und sammelte die Unterschriften von 370 Dorfbewohnern und Dorfbewohnerinnen.

An der Finissage lautete die Botschaft der Kirchenbank: «Liebe Kirchenbänke, fasst den Mut und geht in die Welt, es ist dort spannend und es gibt ganz viele interessante und freundliche Menschen. Aber ich weiss, ihr könnt nicht selber laufen, deshalb liebe Leute helft uns Kirchenbänken rauszugehen, wir sind auf euch angewiesen.»

Ideen zum Selbermachen

Auf einen Schwatz auf den Kirchplatz

Die Stadtkirche steht mitten in der Winterthurer Altstadt. Rundherum ist der Kirchplatz: eine autofreie Flanier- und Verweilzone. Kinder spielen im Sandhaufen, auf einer temporären Kunstinstallation sitzt ein junger Mann und liest ein Buch. Jugendliche lehnen sich im Schatten an die Kirche an und hören mit einer Boombox Musik, eine Rentnerin spaziert mit dem Rollator in Richtung Altersheim und die Postbotin grüsst den Mitarbeiter der Müllabfuhr auf Italienisch. Mitten im bunten Allerlei von Menschen sitzt eine Pfarrerin an einem Tischchen. Ihr gegenüber sitzt ein Mann mittleren Alters. Die beiden sind ins Gespräch vertieft. Der Mann fragt: «Was ist Ihre Vorstellung von Gott?» Ohne eine Antwort abzuwarten, erklärt er: «Für mich ist Gott null – also ich meine die Zahl. Weder positiv noch negativ.»

Zwei Monate lang setzte sich im Sommer einmal in der Woche von 16.30 bis 18.00 Uhr eine der Pfarrpersonen der Stadtkirche an dieses Tischchen. Sie wurden damit Teil der Umgebung und sichtbar für alle, die über den Kirchplatz gehen. Die Pfarrerinnen und Pfarrer waren da und hatten Zeit. Mit ihnen konnte man über Belangloses oder Tiefgründiges nachdenken und diskutieren. Das Pfarrteam wollte mit dieser Aktion mit den Menschen ins Gespräch kommen, die sich um ihre Kirche herum bewegen – sie aber selten betreten.

Die Erfahrung: Niemand setzt sich einfach so ans Tischchen. Doch wenn die Pfarrpersonen auf die Menschen zugehen, ergeben sich tiefgründige Gespräche. Für die Pfarrpersonen ist der Versuch eine Herausforderung, weil sie den Menschen in einem ungewohnten Setting begegnen. Delaja Mösinger (Pfarrerin) ist überzeugt: «Die Überwindung, die es braucht, jemand Fremdes anzusprechen, wird belohnt durch die Welt, die einem geöffnet wird.»

Tag 2 – Im Gespräch
RefLab – Kirche als digitale Konversation

«Ist die Kirche bereit für das Online-Zeitalter?»

Das Reformierte Laboratorium, kurz «RefLab», wendet sich seit Januar 2020 mit diversen Onlineangeboten an bildungsnahe, neugierige und weltoffene Menschen. Auf ihrer Plattform finden sich ein Blog sowie über 10 Audio- und Videopodcasts. Das RefLab will zeigen, wie Menschen in ihrem Alltag mit dem Glauben zu tun haben. Stephan Jütte (Theologe) verantwortete die Entwicklung und den Aufbau des RefLab und ist nun dessen Leiter.

Tag 2 – Im Gespräch
RefLab – Kirche als digitale Konversation

Statt einer traditionellen Stadtakademie ist das RefLab eine Onlineplattform, auf der über Glauben, Religion und Spiritualität nachgedacht wird. Was hat Sie dazu bewogen?

Stephan Jütte   Dazu waren vier Punkte ausschlaggebend:

1. Die Kirchgemeinde der Stadt Zürich ist die grösste reformierte Kirchgemeinde Europas. Wer könnte besser eine Stadtakademie realisieren als diese Kirchgemeinde?

2. Der Markt für Veranstaltungen und Bildungsangebote in Zürich ist gesättigt. Neben der Paulus-Akademie braucht es kein zweites, vergleichbares Angebot.

3. Weil wir neue Lebenswelten erreichen wollen, müssen wir diesen Menschen dort begegnen, wo sie ihre spirituellen und religiösen Bedürfnisse stillen.

4. Wir wollten uns in einer Situation, in der die Kirche an Terrain und Bedeutung verliert, auf das konzentrieren, was unser Alleinstellungsmerkmal ist: Bezeugen, was wir glauben, und reflektieren, was wir bezeugen.

Sie haben für die einzelnen Podcasts Zielgruppen definiert und orientieren sich dabei an Milieus, die im kirchlichen Leben selten anzutreffen sind. Warum will das RefLab diese Zielgruppen erreichen?

SJ   Wenn diese Zielgruppen fehlen, fehlt der Kirche auch sehr viel Brainpower und Kreativität, was ihre Entwicklung hemmt. Gerade bei den Menschen, die sich nicht durch parochiale Angebote erreichen lassen, findet sich eine grosse Sensibilität für neue Wege. Als Volkskirche wollen wir gemäss unserem Selbstauftrag «Kirche für alle Menschen» sein. Für diese Menschen gelingt uns das bisher schlecht. Deshalb wollte das RefLab sie ins Zentrum stellen.

Was sind Ihre Erfahrungen mit diesen Milieus?

SJ   Na ja, wir machen Erfahrungen mit konkreten Menschen, nicht mit Milieus. Insgesamt lässt sich vielleicht zusammenfassen: Sie sind kritisch gegenüber Wahrheitsansprüchen, Hierarchien oder Traditionen, zurückhaltend gegenüber Institutionen, lassen sich von unterschiedlichen Quellen inspirieren und formen ihre Wertvorstellungen eigenständig. Zum selber Denken brauchen sie keine Hilfe, sondern Inspiration.

Was können wir dank dem RefLab bereits Neues über «Kirche» lernen?

SJ   Es gibt ein grosses Bedürfnis nach Austausch in sozialen Medien. Durch Podcasts und Blogbeiträge entstehen Interaktionen, aus denen Beziehungen auf Halbdistanz wachsen können. Die Menschen, die mit uns interagieren, interessieren sich für das, was uns je einzeln wirklich wichtig ist. Sie wollen spüren, dass jemand dafür einsteht und sich selbst dann in aller Freiheit dazu verhalten. Die Kirche muss sich überlegen, wie sie solche Modelle künftig finanzieren möchte und welches Mitgliederverständnis sich damit verbindet.

Tag 2 – Im Gespräch
Green City Spirit – Kirche im Neubauquartier

«Mit Beziehungen fängt alles an.»

«Green City Spirit» befindet sich in einem Neubaugebiet in Zürich, in dem innerhalb von zehn Jahren Wohn- und Arbeitsraum für knapp 8000 Personen gebaut wird. Das kirchliche Projekt ist seit der Fertigstellung der ersten Bauetappe 2017 mit dabei. «Green City Spirit» definiert sich als «sozial-religiöse Stadtentwicklung» mit der Aufgabe, bedürfnisorientierte Begegnungsräume zu schaffen. Darüber, wie die Aufbauarbeit in den ersten drei Jahren ausgesehen hat, gibt Chatrina Gaudenz (Pfarrerin) als ehemalige Projektleiterin Auskunft.

Tag 2 – Im Gespräch
Green City Spirit – Kirche im Neubauquartier

Wie sind Sie an die Aufgabe herangegangen, ein neu entstehendes Quartier mit seinen Bewohnerinnen und Bewohnern und deren Bedürfnissen kennenzulernen?

Chatrina Gaudenz   Zunächst ging es darum, Beziehungen zu knüpfen und Vertrauen aufzubauen. Dazu führten wir qualitative Interviews durch und hatten viele zufällige Begegnungen. Nach langem Suchen mieteten wir zudem einen kleinen Raum vor Ort, einen Hobbyraum. Dank diesem befinden wir uns mitten in einem Wohnhaus: Wir riechen, hören und sehen, was vor sich geht. Als Mieter erhielten wir Zugang zur Greencity-App, der Informations-App im Quartier.

Aufgrund der Gespräche und aus theologischer Überzeugung entschieden wir, mit sozialen Angeboten zu starten. So entstand der «Lerntreff». Einmal in der Woche treffen sich Kinder und einzelne Erwachsene, um begleitet Hausaufgaben zu erledigen und Deutsch zu lernen.

Was war und ist überraschend und herausfordernd beim Knüpfen des Beziehungsnetzes im Quartier?

CG   Wir entscheiden uns, unsere Aufgabe möglichst offen anzugehen. Wir hatten kein fertiges Konzept, sondern schlicht unsere christliche Haltung im Rucksack. Wir liessen uns auf das ein, was wir vor Ort antrafen. Dieses Vorgehen ist überraschend und herausfordernd zugleich. Es braucht viel Durchhaltewillen, Neugierde und immer wieder Selbstreflexion.

In Greencity leben viele urbane, junge Menschen. Um sie zu erreichen, versuchten wir unser *wording* und unsere Bildsprache dem Umfeld anzupassen und zugleich unserer reformierten Tradition treu zu bleiben. Auch das ist Knochenarbeit!

Das Herzstück von Green City Spirit ist der Lerntreff. Erreichen Sie damit unterschiedliche Gruppen im Quartier?

CG   Ja. Einerseits erreichen wir Kinder und mit ihnen auch ihre Familien. Also Menschen, die vom Angebot profitieren können. Andererseits haben wir dank dem Lerntreff Menschen kennengelernt, die gerne freiwillig mithelfen. Sie sind oft aus der Kirche ausgetreten und haben ein distanziertes Verhältnis zu unserer Institution. Durch die Zusammenarbeit lernen wir einander besser kennen und es entstehen spannende Gespräche über Gott und die Welt. Jemand ist wegen der Werthaltung und der Arbeit von Green City Spirit sogar wieder in die reformierte Kirche eingetreten.

Warum ist Ihre Präsenz im Quartier «kirchliche Präsenz»?

CG   Wir treten als Kirche auf. Ich verschweige nie, dass ich reformierte Pfarrerin bin. Damit irritiere ich ein sehr säkulares Umfeld. Dies wiederum halte ich aus und lade zum Gespräch ein. Ab und zu lässt sich jemand darauf ein.

Tag 2 – Methode
Einführung

Sozialraumanalyse

Seit den 1960er-Jahren erarbeiten Soziologen wie Eshref Shevky und Wendell Bell in den USA einen Werkzeugkoffer für die Stadtentwicklung. Darin finden sich Methoden, wie ein Sozialraum (beispielsweise ein Dorf oder ein Quartier) empirisch beschrieben werden kann.

Mittlerweile ist eine grosse Anzahl von Methoden und Tools ausgearbeitet worden, aus denen man die für den eigenen Werkzeugkoffer passenden auswählen kann. Auf den folgenden Seiten werden drei vorgestellt.

Tag 2 – Methode
Sozialraumanalyse – Daten und Fakten

Was sagen Daten über unsere Kirchgemeinde aus?

Tag 2 – Methode
Sozialraumanalyse – Daten und Fakten

I. Problemstellung

Wie gut ist der Sozialraum der eigenen Kirchgemeinde bekannt? Häufig kennt man sich im eigenen Erfahrungsraum aus, weiss aber wenig über die darüberhinausgehenden Erfahrungsräume. Die erste Frage ist deshalb: Welche Themenfelder sind für die Kirchgemeinde interessant? Beispiele für Themenfelder sind: Bevölkerungsentwicklung, Altersverteilung, Topografie, Verkehrsverbindungen, Arbeit, Wohnen, Leben, Schulen, Vereine, Einkommensverteilung, Bildung, Migration.

II. Daten sammeln

Die entsprechenden Angaben lassen sich an verschiedenen Orten finden: Statistische Ämter von Bund, Kanton oder Gemeinde, Geografische Informationssysteme (GIS), Bundesamt für Landestopografie, öffentlich zugängliche Steuerdaten oder über konkrete Anfragen an die politische Gemeinde.

III. Schlüsse ziehen

Was lässt sich aus den gesammelten Daten schliessen? Was bedeutet dies für die Kirchgemeinde? Muss die Aufmerksamkeit auf ein bestimmtes Themenfeld oder bestimmte Aspekte eines Themenfelds gelenkt werden, die bisher vielleicht zu wenig im Blick waren?

Tag 2 – Methode
Sozialraumanalyse – Erkundung

Wie sieht das Umfeld unserer Kirchgemeinde aus?

In einem zweiten Schritt geht es um die Wahrnehmung des Sozialraums in allen seinen Facetten. Auch wenn man bereits länger in einem Sozialraum arbeitet oder lebt, wird man feststellen, dass mit genug Zeit und mit offenen Sinnen neue Entdeckungen möglich sind. Wichtig ist: Es geht nicht ums Urteilen, sondern ums Wahrnehmen.

I. Erkundung auf der Landkarte
Der Sozialraum wird als Landkarte vergegenwärtigt. Mit Blick auf diese Karte stellst du dir Fragen: Wo bewegst du dich in diesem Raum? Wie oft bist du da? Wo gehst du nie hin? Welche Orte interessieren dich? Wo könnte Kirche stattfinden?

II. Sich aussetzen vor Ort
Mehrere Stunden oder Tage lang bewegt man sich in dem Raum, den man erkunden möchte. Dabei stehen alle Sinne im Vordergrund: Was siehst du? Was siehst du immer wieder? Welche Menschen bewegen sich hier? Welche Sprachen, welche Geräusche hörst du – oder welche Stille erfasst dich? Was hörst du, wenn du die Augen schliesst? Was riechst du und wie schmeckt der Kaffee im lokalen Café? Was kannst du berühren? Hilfreich ist es, sich die Eindrücke zu notieren und mehrmals, auch zu verschiedenen Zeiten, an einen Ort zu gehen, um die Wahrnehmungen vergleichen zu können.

III. Auswertung
Nun werden die Aufzeichnungen verglichen: die eigenen der unterschiedlichen Tage – und die eigenen Beobachtungen und Wahrnehmungen mit denjenigen anderer Personen aus der Kirchgemeinde. Wo habt ihr Ähnliches wahrgenommen? Wo habt ihr unterschiedliche Erfahrungen gemacht? Welche Orte waren besonders eindrücklich? Was hat überrascht?

Tag 2 – Anwendung I
Sozialraumanalyse – Nadelmethode

Was lieben die Menschen an unserer Stadt?

Ziel
Die Mitarbeitenden und Behördenmitglieder der Kirchgemeinde vollziehen einen Perspektivenwechsel: Sie betrachten ihren Sozialraum durch die Augen ganz unterschiedlicher Menschen.

Vorbereitung
Drucke eine grosse Karte deines Dorfs/Stadtteils aus und klebe sie auf eine Styroporplatte. Ausserdem benötigst du Stecknadeln mit grossen Köpfen in unterschiedlichen Farben (beispielsweise für unterschiedliches Alter oder Geschlecht).

Durchführung
Sucht einen Ort in eurem Dorf/Stadtteil, an dem sich Menschen aus unterschiedlichen Lebenswelten bewegen. Frage mindestens zwanzig Personen, wo ihr Lieblingsort ist, wo sie nicht gerne hingehen und an welchem Ort sie etwas verändern würden, wenn sie könnten. Höre dabei genau zu, was sie über die Orte erzählen. Damit erzählen sie auch viel über sich selber.

Auswertung
Schaut euch die Karte in der Gruppe an und wertet aus, was die verschiedenen Personen dazu gesagt haben.

- Erkennt ihr eine Häufung von Nadeln an bestimmten Orten?
- Was lässt sich aus den Gesprächen mit den Personen erschliessen?
- Was bedeutet das für die Kirchgemeinde?

Tag 2 – Tool
Sozialraumanalyse – Lebenswelten

Wer fühlt sich in der Kirche wohl – und wer fehlt?

Der Lebensweltansatz («Modell der sozialen Milieus») ist eine Sehhilfe, um die Vielfalt der Menschen und die Vielfalt ihrer Lebenswelten zu verstehen. Der Ansatz ordnet Menschen anhand ihrer sozialen Lage und verschiedenen Wertorientierungen zehn Gruppen zu. Diese Gruppen werden in einem Koordinatensystem mit zwei Achsen (Grundorientierung und soziale Lage) verortet. Die Mitglieder der einzelnen Gruppen sind sich in ihrer Lebensauffassung und Lebensweise ähnlich. Sie teilen Alltagseinstellungen, die beispielsweise Arbeit und Freizeitgestaltung, Geld und Konsum oder Religiosität und Spiritualität betreffen. Das Sinus-Institut ermöglicht die genaue Analyse der vorhandenen Gruppen in einem Sozialraum, beispielsweise der Kirchgemeinde.

Tag 2 – Tool
Sozialraumanalyse – Lebenswelten

I. Analyse der Kirchgemeinde
Wer geht in der Kirchgemeinde ein und aus? Wer ist Mitglied? Welche Milieus fehlen, obwohl sie im Sozialraum stark vertreten sind? Welcher Lebenswelt wollt ihr euch verstärkt zuwenden? Kennt ihr Menschen aus diesen Milieus? Wie lassen sich ihr Alltag, ihre Ansichten und Werte, ihre Bewegungsmuster usw. beschreiben?

II. Ins Gespräch kommen
Findet die Orte, wo diese Menschen sich im Alltag aufhalten und bewegen: Geht dort spazieren, setzt euch hin, taucht ein, beobachtet, nehmt wahr. Wie verhalten sich die Menschen untereinander? Was tun sie? Sprecht auch Menschen an und kommt mit ihnen ins Gespräch. Es lohnt sich, die Beobachtungen und Interviews mit Ton und Bild aufzuzeichnen.

III. Dokumentation und Diskussion
Im Vergleich der Aufzeichnungen können wiederum überraschende Übereinstimmungen oder Abweichungen entdeckt werden. Was bedeuten die Resultate für eine Veränderung in der Kirchgemeinde? Was habt ihr über die Lebenswelt gelernt, der ihr euch zuwenden möchtet?

Tag 2 – Anwendung II
Sozialraumanalyse – Lebenswelten

Welche Werte sind dem Schwiegersohn meiner Nachbarin wichtig?

Tag 2 – Anwendung II
Sozialraumanalyse – Lebenswelten

Ziel
Die Mitarbeitenden und Behördenmitglieder lernen je eine fremde Lebenswelt kennen, indem sie einer Person aufmerksam zuhören.

Vorbereitung
Suche eine Person aus deinem peripheren Bekanntenkreis, die du nicht verstehst: Du findest ihre politische Meinung falsch, ihre Werte nicht nachvollziehbar oder ihre Lebensweise unbegreiflich. Dies kann der Schwiegersohn der Nachbarin, eine Freundin deiner Tochter, die Mutter eines Kollegen oder der Ehepartner einer Arbeitskollegin sein.

Sag der Person, dass du dich für sie interessierst, weil du denkst, dass ihr sehr unterschiedliche Leben lebt und dass du gern einen Einblick in ihre Lebenswelt erhalten würdest. Lade sie zu einem Mittag- oder Abendessen ein. Du bezahlst, ihr geht aber an einen Ort, den die andere Person auswählt.

Durchführung
Nimm dir Zeit, um mit der Person zu sprechen. Überlege dir im Voraus Fragen, um sie besser kennenzulernen. Diese können die Bereiche Werte, Arbeit und Freizeit, Zukunftsperspektiven, Familie, Partnerschaft, Freundschaften, politische Ansichten, Lieblingsorte, Glück oder auch den Glauben, die Spiritualität und die Kirche betreffen.

Frage nach, wenn du etwas nicht verstehst, und gib Antwort auf Gegenfragen. Gib darauf acht, dass sich das Treffen nicht vornehmlich um deine Lebenswelt und deine Ansichten dreht, sondern um die der anderen Person.

Auswertung
Bedanke dich bei deinem Gegenüber für das Gespräch. Mach dir zu Hause Notizen zu den Einsichten in die andere Lebenswelt, die du dank dem Gespräch erhalten hast.

Schicke der Person ein paar Tage nach dem Gespräch eine Karte, ein Mail oder eine Nachricht, in der du dich nochmals

Tag 2 – Anwendung II
Sozialraumanalyse – Lebenswelten

bedankst. Benenne darin einen Unterschied zwischen deiner und ihrer Lebenswelt, der dir besonders aufgefallen ist. Es könnte für die andere Person eine ebenso hilfreiche Erkenntnis sein.

 Für Methodenmuffel
Setz dich von 16.00 bis 21.00 Uhr an einen belebten Ort in deinem Dorf/Stadtteil. Beobachte und notiere, wer vorbeikommt, wer verweilt und was die Leute tun. Vielleicht kommst du ja sogar mit jemandem ins Gespräch.

Tag 3

Vision und Strategie

Einführung
83   Vision und Strategie

Story
86   Gemeindeentwicklung in Illnau-Effretikon

Im Gespräch
97   Regionalisierung – Inspiration aus der Betriebswirtschaft
99   Regensberg – Eine Vision in Worte fassen

Methode
Appreciative Inquiry
101 Einführung
102 Grundlegende Prinzipien
104 5-D-Zyklus

Anwendung I
106 Wertschätzendes Interview

Anwendung II
109 SOAR

Welche V
stärken u
Kirchgem
der Verär

sionen
sere
einde in
derung?

- [x] Tag 3
  Tagesziel

  Die Kirchgemeinde formuliert eine Vision, die ihre Strategie, ihre Struktur und ihre Kultur prägt.

- [ ] Du legst mit den anderen Behördenmitgliedern und Mitarbeitenden Schwerpunkte für die Arbeit in deiner Kirchgemeinde fest.
- [ ] Du kennst die Geschichte deiner Gemeinde, hast ein Gespür für die Menschen, die sie im Moment prägen, und du kennst Szenarien, wie sich der Sozialraum in Zukunft entwickelt.
- [ ] Du planst ein geselliges Zusammensein für die Behörden und Mitarbeitenden deiner Kirchgemeinde.

Tag 3 – Einführung
Vision und Strategie

Was bereits ist und was werden kann

Menschen haben verschiedene Visionen für ihre Kirchgemeinde. «Meine Vision ist eine lebendige Kirche: alle Generationen treffen sich im Gottesdienst, die Kirche ist voll.» – «Meine Vision ist eine Kirche, die Gast wird und von ihren Gastgebenden lernt.» – «Meine Vision ist eine Kirche, die auch die Seltsamen und die, die niemand mag, mit offenen Armen aufnimmt.»

In einer Vision sieht man die Kirchgemeinde in ihrer schönsten Gestalt. Grundlegend dafür sind die eigenen Erfahrungen, Bedürfnisse und Wünsche. Jede einzelne Vision verbindet sich mit den anderen zu einer Vielfalt von Visionen für die einzelnen Aufgaben der Kirchgemeinde, die alle in der gemeinsamen Warum-Erklärung gründen. →Tag 1

Am heutigen Tag steht die Frage im Zentrum, wie eine Vision nachhaltig wirkt – und nicht nur auf ein Papier gebannt wird und in der Schublade verschwindet.

Systemisches Denken

Startet eine Kirchgemeinde einen Visionsprozess, gerät vieles in Bewegung: Es muss neu überlegt werden, wie die Vision in die konkrete Entwicklung der Gemeinde integriert werden kann *(Strategie)*. Die Frage stellt sich, ob die bestehende Organisationsstruktur dafür die besten Voraussetzungen bietet. Vielleicht gibt es andere Möglichkeiten, sich zu organisieren, die eine Umsetzung einfacher machen *(Struktur)*? Und es wird sich herausstellen, dass sich die Art und Weise, wie man miteinander im Team arbeitet und wie man mit Mitgliedern im Kontakt ist, verändert *(Kultur):* Es werden andere Herangehensweisen erprobt oder man bildet neu mit Mitarbeitenden und Freiwilligen ein Team, die einem vorher kaum begegnet sind in der alltäglichen Arbeit.

Die vier Bereiche – die Vision, die Strategie, die Struktur und die Kultur – sind miteinander verknüpft. Wird an einem etwas verändert, beeinflusst dies die drei anderen und es werden auch da Anpassungen erforderlich. Dies ist eine Erkenntnis systemischen Denkens. Verschiedene Bereiche können nicht isoliert unter die Lupe genommen werden. Vielmehr gilt das Interesse den

Tag 3 – Einführung
Vision und Strategie

Wechselwirkungen zwischen allen Teilen des Systems. So verliert man sich weniger im Detail oder beisst sich an bestimmten inhaltlichen Punkten fest. Der Blick weitet sich auf das gesamte System, beispielsweise die Kirchgemeinde, und diese wiederum versteht man nicht nur als abgegrenzte Einheit, sondern innerhalb des grösseren Zusammenhangs, zum Beispiel der Gesellschaft.

Geschichte, Gegenwart und Zukunft

Einen weiteren Fokus legt das systemische Denken auf Entwicklungen. Weniger als die Beschreibung von Zuständen interessiert die Veränderung: Was war? Was wird sein? Um in der Veränderung fokussiert zu sein, müssen die unterschiedlichen Stadien im Blick bleiben. Wie eine Kirchgemeinde sich in der Gegenwart versteht, hat viel damit zu tun, was in der Vergangenheit geschehen ist. Ob sie ihre Zukunft genauso gestalten möchte oder Veränderungen anstrebt, hängt davon ab, wen man wie in die Überlegungen miteinbezieht. Heute wird die Herangehensweise der *Appreciative Inquiry* (AI) vorgestellt. Sie räumt der historischen Dimension Platz ein, bleibt jedoch nicht bei ihr stehen. Zudem eignet sie sich für die Arbeit in grossen Gruppen.

Alle Gesprächspartner und -partnerinnen, die an diesem Tag zu Wort kommen, betonen die Wichtigkeit eines grösseren zeitlichen Denkhorizonts und des Einbezugs von Menschen, die nicht zur Kerngemeinde gehören. Nur so lässt sich ein Veränderungsprozess gestalten, der zum Sozialraum der Gemeinde und zur Lebenswelt der angesprochenen Menschen passt – und zu vielfältigen Kirchgemeinden führt.

Motivierender Schwung und langer Schnauf

Je nachdem, wo sich eine Kirchgemeinde im Prozess befindet, überwiegt die freudige Motivation voranzugehen – oder die Notwendigkeit, die Motivation für den Prozess im Schwung zu halten. Schön ist es, wenn die Anfangsmotivation genutzt werden kann, sobald die Arbeit in der Umsetzung kleinteilig wird. «Die Gemeindetage am Anfang gaben uns solchen Schwung», erzählt Daniel Wartenweiler (Sozialdiakon) aus Effretikon in der

Tag 3 – Einführung
Vision und Strategie

Story. Die Kirchgemeinde arbeitet seit drei Jahren mit AI. Sie wandelt sich von einer Gemeinde, in der jede Person innerhalb ihres eigenen Ressorts denkt, zu einer, die mit einer gemeinsamen Vision an grosse Aufgaben herangeht.

Im Gespräch erzählt Heinrich Brändli davon, wie unternehmerische Instrumente Gemeinden unterstützen können. Eine Vision komme zum Leben, wenn sie an die Leute gelange – darum müsse man die Leute kennen. Mathias Bänziger und Hannes Hinnen von der kleinen Gemeinde Regensberg machen dieselbe Erfahrung, einfach umgekehrt: Sie kennen viele Leute ihrer Gemeinde. Die Vision zu formulieren, bedeutet bei ihnen deshalb, das in Worte zu fassen, was bereits gelebt wird.

Bei einer Fusion hilft eine Vision dabei, ein gemeinsames Fundament zu formulieren und zu bebauen. In den *Ideen zum Selbermachen* findet sich darum das Beispiel der Gemeinde Furttal, die einen Leitsatz entwickelt hat und diesen sicht- und vor allem fassbar macht durch einen Holzwürfel. Er liegt auf den Arbeitstischen der Mitarbeitenden und erinnert an den Leitsatz. Neuen Schwung wiederum hat in Wädenswil die umgestaltete Familienarbeit gebracht. Mit dieser Stärkung der Familienarbeit setzt die Gemeinde konkret um, was sie vor sieben Jahren als Grundsatzentscheidung formuliert hat.

Tag 3 – Story
Gemeindeentwicklung in Illnau-Effretikon

Eine Kirchgemeinde richtet sich neu aus

Die Veränderung des Umfelds bedingt auch einen Wandel der Organisation. Organisationsentwicklung trägt dem Rechnung.
Wie macht dies die Kirche?

Tag 3 – Story
Gemeindeentwicklung in Illnau-Effretikon

Die Kirchgemeinde Illnau-Effretikon hat einen Strategieprozess mithilfe von *Appreciative Inquiry* (AI) durchgeführt. Während des Prozesses hat sie ihre Vision formuliert: «Mit Christus unterwegs – gemeinsam, in unserem Leben, in unserer Stadt!» Diese Vision wurde in einer Gesamtstrategie für die Entwicklung der Kirchgemeinde präzisiert und in Umsetzungszielen mit Meilensteinen und Zeitplan konkretisiert. Der Prozess hat auf unterschiedlichen Ebenen Veränderungen angestossen, die die Kirchgemeinde in den nächsten Jahren beschäftigen werden.

Wir brauchen eine Strategie!

Daniel Wartenweiler (Sozialdiakon) erzählt, wie es war, als er nach Effretikon kam: «Meine Stelle war zwar für Eins-zu-eins-Beratung und Sozialdienst ausgeschrieben», sagt er, «doch eigentlich liegt mir Projektarbeit mit Leitungsaufgaben mehr.» Die Kirchgemeinde hörte das und gab ihm die Möglichkeit, 20 % der Arbeit dafür zu nutzen.

Zuerst baut er ein Garten-Projekt mit Menschen auf, die einen Migrationshintergrund oder psychische Probleme haben. Dann nimmt er sich eine grössere Sache vor. «Die Kirchgemeinde hatte keine Gesamtstrategie», berichtet Daniel Wartenweiler, «jedes Ressort arbeitete in seinem Bereich mit einem eigenen Konzept vor sich hin.» Weil sich das Ende der Legislaturperiode nähert und sich Wechsel in der Behörde abzeichnen, schlägt der Sozialdiakon der Kirchenpflege vor, einen gemeinsamen Strategieprozess aufzugleisen. Sowohl bei der Kirchenpflege als auch bei den anderen Mitarbeitenden stösst er damit auf offene Ohren. «Zum Glück wussten wir nicht, was für ein langer und aufwendiger Prozess das wird», lacht Daniel Wartenweiler im dritten Jahr nach dem Start, «sonst hätte sich wohl niemand damit einverstanden erklärt.»

NGO auf den Philippinen vs. Schweizer Kirchgemeinde

Bevor der Sozialdiakon nach Effretikon kam, hatte er fünfzehn Jahre in den Philippinen gelebt und eine Nichtregierungsorganisation (NGO) für Strassenkinder und -familien aufgebaut. Jedes

Tag 3 – Story
Gemeindeentwicklung in Illnau-Effretikon

Tag 3 – Story
Gemeindeentwicklung in Illnau-Effretikon

Jahr machten sie mit den Mitarbeitenden gemeinsam die Jahresplanung. Nach dieser Arbeit fühlten sich jeweils alle erschlagen: Sie gingen die Aufgabe mit klassischen Managementtools an, das heisst eher problemfokussiert. Daniel Wartenweiler lernte dann im Rahmen einer Weiterbildung die Herangehensweise von AI kennen und begann die Jahresplanung damit zu gestalten: «Das hat die Stimmung total verändert: Die Leute waren begeistert, wir haben beim Mittagessen weiterdiskutiert und gingen motiviert nach Hause!»

Diese Erfahrung bringt ihn dazu, auch in Effretikon AI für den Strategieprozess vorzuschlagen. Im Verlauf des Prozesses wird klar: Was in der NGO, die eine kleine, wendige Organisation mit klaren Entscheidungswegen ist, wunderbar und schnell funktionierte, kann in einer Kirchgemeinde nicht gleich vorausgesetzt werden. Letzten Endes entscheidet die von den Mitgliedern gewählte Kirchenpflege über die neue Strategie. Darum müssten konsequenterweise auch die Mitglieder einbezogen werden in den Prozess, damit sie ihn nachvollziehen können. Wie aber macht man das in einer grossen Gemeinde mit mehreren Tausend Mitgliedern, vielen Behördenmitgliedern und Angestellten?

Es gilt eine Balance zu finden zwischen Mitgestalten und Informieren in den verschiedenen Gruppen (Spurgruppe, Kirchenpflege, Gemeindekonvent, ganze Gemeinde). Die Spurgruppe, die den Prozess leitet, braucht ein gutes Gespür für die jeweils nächsten Schritte. Dabei war und ist auch der Austausch mit der externen Prozessbegleitung von der Landeskirche hilfreich. «Wir haben die Balance leider nicht immer ganz gefunden», gesteht Daniel Wartenweiler. «Das merken wir spätestens dann, wenn ein Vorschlag nicht akzeptiert wurde.» Einmal hätten sie Kriterien zur Beurteilung bestehender und geplanter Angebote ausgearbeitet, ohne diese mit den Mitarbeitenden zu diskutieren. Darum seien sie in der Schublade verschwunden. «Bei grundsätzlichen Entscheiden fanden wir aber die richtige Mischung: Bei den Schwerpunkten der Strategie sowie bei der nun anstehenden grossen Strukturanpassung entwickelte sich ein starker Konsens.»

Tag 3 – Story
Gemeindeentwicklung in Illnau-Effretikon

Aufbauen auf Bestehendem

Ein Highlight während des AI-Prozesses sind die Gemeindetage: Über sechzig Personen aus der Gemeinde versammeln sich für zwei Tage, um gemeinsam zu entdecken, was die Gemeinde bereits gut macht und wie sie das verstärken könnte (Phasen *Discovery* und *Dream* von AI, → Methoden). «Dabei ist ein Schwung entstanden, auf den wir zurückgreifen können», erzählt Daniel Wartenweiler.

Das Vertrauen, dass bereits Gutes und Funktionierendes da ist, prägt auch das reformierte Verständnis von Mission. Das Subjekt der Mission ist Gott: Weil Gott die Menschen liebt, ist er in Jesus Christus als Mensch auf die Welt gekommen. Das ist Mission in ihrer reinen Form, die *missio Dei* (Sendung Gottes). Diese Sendung gilt allen Menschen. Dies zeigt sich im Auftrag von Jesus an seine Jüngerinnen und Jünger: «Geht nun hin und macht alle Völker zu Jüngern: Tauft sie auf den Namen des Vaters und des Sohnes und des Heiligen Geistes und lehrt sie alles halten, was ich euch geboten habe» (Mt 28,19–20a). Es zeigt sich auch in der Apostelgeschichte, als Petrus den Auftrag erhält, auch Nichtjuden zu besuchen und zu taufen (Apg 10). Und Paulus denkt darüber nach, wenn er den Galatern in einem Brief schreibt, was einen Menschen gerecht macht: Nicht die Befolgung von Gottes Gesetz, wie dies die jüdische Tradition forderte, sondern der Glaube an Jesus Christus (Gal 2,16).

Weil Gott sich in Jesus allen Menschen gesendet hat, lässt sich Gottes Missionsbewegung auch überall bereits entdecken und man kann daran anschliessen. Rowan Williams, der ehemalige Erzbischof von Canterbury, sagte es einmal so: «Mission […] ist herausfinden, was Gott bereits tut – und mitmachen.»

Ein Anfang mit Folgen

Dass dies bedeutet, Menschen ausserhalb der Kirchgemeinde miteinzubeziehen, ist Daniel Wartenweiler wichtig: «Wir wollen ‹der Stadt dienen› sagt unsere Vision. Dafür müssen wir die Menschen fragen, wie wir ihnen dienen können. Wir müssen die sozialen Brennpunkte kennenlernen. Wenn wir nur die sechzig

Tag 3 – Story
Gemeindeentwicklung in Illnau-Effretikon

Personen hören, die zu uns kommen, und verstärken, was sie mögen, dann sind wir in unserer eigenen Blase verloren.» Darum ist eine Sozialraumanalyse in Effretikon geplant. →Tag 2

In der Reformation haben auch Zwingli und der Grosse Rat in Zürich gemerkt, dass eine Vision im besten Fall verschiedene Bereiche beeinflusst. Der Erkenntnis, dass allein der Glaube an Jesus Christus einen durch Gottes Gnade rettet *(sola fide, solus Christus* und *sola gratia)* und dies allein aus der Bibel ersichtlich ist *(sola scriptura),* hatte Folgen, zum Beispiel in der Sozialpolitik: Vorher galt es als hilfreich für die eigene Rettung, Bettler zu unterstützen. Die Armenfürsorge bestand vor allem in der Vergabe von Almosen und das musste nun anders geregelt werden. Betteln wurde verboten, dafür gab es jeden Tag Mus und Brot für die Leute auf der Strasse. Zudem versuchte man, arbeitslose Menschen wieder ins Arbeitsleben einzugliedern. Auf die Vision folgte eine Anpassung der Strategie und Struktur, sodass eine neue Kultur geprägt werden konnte.

Auch in Effretikon hat der Visions- und Strategieprozess einiges ins Rollen gebracht: konkrete Umsetzungsziele, aber auch eine Veränderung von Struktur und Kultur. Mittlerweile ist die Kirchgemeinde daran, ihre Organisationsstruktur den neuen Anforderungen anzupassen. →Tag 6 «Eine echte Veränderung passiert aber nur, wenn nicht nur der kognitive Bereich betroffen ist, sondern auch Emotionen, Beziehungsdynamiken – die Kultur», sagt Daniel Wartenweiler. Ein Kulturwandel braucht Zeit und ist anstrengend. Doch es lohnt sich, dranzubleiben und immer wieder zu schauen, was sich bereits getan hat. «Wir ziehen mittlerweile an einem Strick», fasst er zusammen, «und es gibt die Erkenntnis: Veränderung ist etwas Gutes! Sie ist keine Bedrohung mehr. So entwickeln wir den Mut, gross zu denken. Wir sind bereit für die nächste Aufgabe mit einem Zeithorizont von acht bis fünfzehn Jahren!»

Ein Leitsatz zum Anfassen

Ein halbes Jahr nach der Fusion von drei Kirchgemeinden zur Gemeinde Furttal fragten die Pfarrpersonen: «Was heisst ‹das Evangelium verkünden› im Furttal?» Eine Standortanalyse machte deutlich, dass die Lebenswelten sehr unterschiedlich sind: von grossen Wohnblock-Siedlungen über gewachsene und funktionierende Dorfstrukturen bis hin zu Einfamilienhaussiedlungen und Weilern mit einzelnen Bauernhöfen. Das Pfarrteam wollte diese Vielfalt betonen. Dazu kommt Gott als Alleinstellungsmerkmal der Kirche. So entstand aus der ersten Pfarrteam-Retraite der Leitsatz «vielfalt *mit gott* in liebe». Um ihn zu erklären und theologisch abzustützen, haben sie ein Papier dazu verfasst. «Einen Leitsatz zu formulieren, war gar nicht geplant», erzählt Nadja Boeck (Pfarrerin). «Er entstand spontan aus unseren Diskussionen. Das zugehörige Papier war dann eine klare Folge. Es gibt Fleisch an die Knochen des knappen Leitsatzes.»

Der Leitsatz und das Papier wurden in Kirchenpflege und Gemeindekonvent diskutiert und für gut befunden. «Nun stellte sich die Frage, wie der Satz sichtbar werden könnte», sagt Urs Bertschinger (Chorleiter). «In der Vorbereitung der Gesamtretraite entstand die Idee eines Würfels.» Der Würfel eignet sich perfekt: Jede Seite zeigt ein Wort. Die Anordnung der Wörter bietet eine eigene Aussage. So findet sich gegenüber «vielfalt» zum Beispiel eine leere Seite.

«Ich habe die Würfel einzeln beschriftet», sagt Urs Bertschinger, «jeder ist also individuell.» Die Würfel liegen nun bei den Mitarbeitenden auf den Arbeitstischen und erinnern an den Leitsatz. Dieser dient nicht als Raster, um Angebote zu analysieren. «Dafür ist der Leitsatz zu allgemein», stellt Nadja Boeck fest. Doch er ist präsent: als Einstiegsbesinnung bei Konventen, auf Flyern, in der E-Mail-Signatur und neu auf Briefumschlägen. Die haptische Erinnerung durch den Würfel sei dabei ergänzend. Doch nicht überall sei ein Würfel sinnvoll. «Es ist wichtig, dass ein Objekt zum Leitsatz passt», betont Urs Bertschinger. «Bei uns passt ein Würfel, an einem anderen Ort ist es vielleicht ein Geduldspiel oder eine Feder.»

Ideen zum Selbermachen

Familienarbeit neu gedacht

Vor zehn Jahren stellte die Kirchgemeinde Wädenswil fest, dass es vermehrt zu Abmeldungen beim kirchlichen Unterricht kam. Darum fasste sie einen Grundsatzentscheid: «Wir wollen in die Familienarbeit investieren!» Wädenswil versuchte es mit einem Experiment: Sie luden die Kinder nicht mehr zu wöchentlichen Unterrichtsstunden ein, sondern in ein «Kinder-Dihei-Lager». Katechetinnen, Jugendarbeitende und Jungleitende verbringen zusammen mit Kindern der zweiten, dritten und vierten Klasse je eine Woche im Kirchgemeindehaus oder auswärts. «Die Eltern haben gemerkt: Sie erhalten eine Woche Ferienprogramm für die Kinder», erzählt Sabine Godinez (Verantwortliche für die Arbeit mit Kindern und Jugendlichen). «Wir entlasten damit berufstätige Eltern. Und die Kinder kommen gerne.»

Das Experiment zahlte sich aus: Die Wochen sind gut besucht und über 95 % der reformierten Familien werden erreicht. Ausserdem gelingt es so, dass nicht nur die Gemeinschaft intensiver erlebt wird als in den Einzelstunden, sondern auch der Inhalt. «Wenn am Lagerfeuer die Paradiesgeschichte gespielt wird, ist das anders, als wenn ich sie im Schulzimmer höre», berichtet Sabine Godinez.

Auch die Gottesdienste mit Familien wurden umgestaltet. Viermal im Jahr ist nun «Family Church»: Die ganze Familie kann ein Thema an Stationen erleben und darüber nachdenken. Taufen finden mehrheitlich an diesen Tagen statt. «So erreichen wir zwischen 120 und 300 Personen pro Gottesdienst», sagt Sabine Godinez. «Und das anschliessende gemeinsame Essen, das als Teilete organisiert ist, kommt gut an.»

Die neu gestaltete Arbeit bringt verschiedene Gewinne: Die Mitarbeitenden und freiwilligen Jungleitenden leisten die Mehrarbeit mit Freude. Die Familien fühlen sich wohl, die Kerngemeinde auch. Beziehungen werden nachhaltig geknüpft: So profitiert beispielsweise der Mittelstufentreff, in dem sich jede Woche etwa 25 Kinder treffen.

«Anfangen kann man auch klein, zum Beispiel ein ‹Kinder-Dihei-Lager› planen oder einen Gottesdienst anders gestalten», schlägt Sabine Godinez vor. «Der Effekt ist da schon gross!»

Tag 3 – Im Gespräch
Regionalisierung – Inspiration aus der Betriebswirtschaft

«Wenn wir weniger Steuereinnahmen haben, denken wir plötzlich anders.»

Heinrich Brändli (Kirchgemeindeschreiber) hat Einblick in mehrere Kirchgemeinden: In Schlieren, Weiningen und Dietikon arbeitet er, in Kloten ist er Kirchenpfleger und weitere hat er in Regionalisierungsprozessen begleitet. Seine Beobachtung: Der Schritt von der Vision hin zu Strategien und vor allem zur konkreten Umsetzung ist schwierig. Er empfiehlt: sich von der Betriebswirtschaft inspirieren lassen.

Tag 3 – Im Gespräch
Regionalisierung – Inspiration aus der Betriebswirtschaft

Braucht eine Kirchgemeinde eine Vision?

Heinrich Brändli Ganz klar: Ja. Eine Kirchgemeinde muss wissen, was ihr Platz im Gemeinwesen ist. Dies formuliert sie in einer Vision. Sie ist etwas Grundlegendes, das man gemeinsam beschliesst und das für eine längere Zeitdauer gilt. Die Vision von IKEA beispielsweise galt vor 10 Jahren und gilt heute: weltweit und für alles, was die Mitarbeitenden tun. Bei uns gibt es nur schon innerhalb *einer* Kirchgemeinde Differenzen, wie man dieses oder jenes sehen soll.

Ist denn die Vision nicht klar: Kirche verkündigt die gute Nachricht von Jesus Christus?

HB Doch natürlich! Auf dieser Ebene ist sie sehr klar. Darum hat die Kirche eine super Ausgangssituation: Unser Produkt ist bekannt. Seit 2000 Jahren. Aber wir wissen nicht, wie wir unser Produkt an die Leute bringen! Das ist das Problem bei der Umsetzung der Vision.

Wie meinen Sie das?

HB Wenn eine Kirche eine Vision erarbeitet, darf sie nicht nur aus grundsätzlichen Aussagen bestehen wie: «Gott steht über allem.» Das ist hoffentlich klar – es ist ja eine Kirche! In der Vision muss man sagen, was genau *unsere* Kirchgemeinde ausmacht: Was unterscheidet uns von der Kirche im Nachbardorf? Was ist unser Profil? Da hilft ein Bibelwort wenig, denn das kann man in alle möglichen Richtungen deuten. Hilfreicher wäre eine Formulierung von hier und heute.

Wie findet man denn das eigene Profil?

HB Mein Ansatz kommt aus der Betriebswirtschaft. Kirche ist für mich ein Unternehmen, auch wenn Pfarrpersonen diese Sicht nicht immer mögen. Aber seien wir ehrlich: Sobald die automatischen Kirchensteuern nicht mehr fliessen, kann man nicht mehr behaupten: «Wir sind etwas anderes als ein Unternehmen!» Dann muss irgendwoher Geld kommen. Und man wird merken: Es gibt Instrumente für diese Situation. Es braucht wohl den Leidensdruck des fehlenden Gelds. Ich bin zuversichtlich: Das wird kommen. Und es wird die Kirche nicht umbringen.

Was bräuchte die Kirche denn?

HB Als Erstes muss man seine Umgebung kennen, wirtschaftlich gesprochen: den Markt. Es nützt nichts, eine Vision zu haben, die nicht an die Leute gelangt. Wir haben zwar ein super Produkt, aber wie das Produkt zu den Leuten kommt, ist unklar. Weil wir die Leute nicht kennen.

Wie lernt man die Leute kennen – gerade in einer grossen Kirchgemeinde?

HB Man kann beim Heute ansetzen und bei der Zukunft: Mit Hilfe einer Sozialraumanalyse lernt man vieles über die bestehende Umgebung. Dann muss man mit Experten sprechen, beispielsweise einem Raumplaner. Wie entwickelt sich der Ort in den nächsten zehn Jahren? So weiss man, wo man hin muss, um im Brennpunkt zu sein. In Schlieren wird gerade gross gebaut. Dort müssen wir sofort eine Beiz oder sonst einen Treffpunkt auftun! Etwas, was dahin passt. Wichtig ist, dass man das nicht verschläft.

Das heisst, wenn man weiss, für wen man Kirche ist, lässt sich eine Vision einfacher umsetzen?

HB Genau! Dann muss man nicht stundenlang diskutieren, wie Strategie A oder B zu verstehen ist. Man weiss, für wen und wo man etwas tut. Das heisst nicht, dass man nicht verschiedene Dinge tun darf. Wir Reformierten sind ja zum Glück sehr vielfältig. Bei der Erarbeitung einer Vision dürfen auch die Fetzen fliegen. Aber nachher sind solche Diskussionen nicht mehr nötig.

Tag 3 – Im Gespräch
Regensberg – Eine Vision in Worte fassen

«Wir haben das Implizite in Worte gefasst.»

Regensberg thront auf einem Hügel auf einem östlichen Ausläufer der Lägernkette. Als biblisches Motto nennt die Kirchgemeinde: «Ihr seid das Licht der Welt. Eine Stadt, die oben auf einem Berge liegt, kann nicht verborgen bleiben» (Mt 5,14). Das Licht der Kirchgemeinde – eine der kleinsten im Kanton – muss weiter, über das Dorf hinaus, strahlen. Nur so kann sie ihre eigenständige Existenz rechtfertigen, davon sind Hannes Hinnen (Kirchenpflegepräsident) und Mathias Bänziger (Pfarrer) überzeugt.

Tag 3 – Im Gespräch
Regensberg – Eine Vision in Worte fassen

Sie haben vor zwei Jahren einen Strategieprozess gemacht. Was entstand daraus?

Hannes Hinnen Der Prozess hat eine Vorgeschichte: Seit über zehn Jahren sind wir uns bewusst, dass wir als kleine Kirchgemeinde langfristig nicht überleben können. So haben wir vor zehn Jahren eine Klausur gemacht, um uns besser zu verstehen und zu positionieren. Wir sind dabei von der Frage ausgegangen: «Worin sind wir stark?»

Der Prozess dauert also schon über zehn Jahre?

Mathias Bänziger Genau. Ich kam kurz danach in die Gemeinde. Meine Wahl war Teil des Prozesses. Die Bevölkerung von Regensberg hat eine Pfarrperson gesucht, die zu ihnen passt, und ich eine Gemeinde, die zu mir passt. Vor zwei Jahren haben wir dann «nur» noch das Implizite expliziert, d. h. Themen und Bedürfnisse ins Bewusstsein gebracht, die latent schon vorhanden gewesen sind.

Wie sind Sie vorgegangen?

MB Entscheidend war ein Thinktank aus Kirchenpflege und Freiwilligen. Wir haben u. a. *Design Thinking* verwendet und schnell Umsetzungen geschaffen, beispielsweise unseren «Klang & Wort Gottesdienst» am Freitagabend. Wir haben also nicht aus dem Nichts heraus gesagt: «So wollen wir sein!» Wir haben gefragt: «Was sind unsere Interessen und Bedürfnisse?» Und wir haben festgestellt: «So arbeiten wir bereits!» Es war mehr eine Bewusstwerdung und der Entschluss, Konsequenzen daraus zu ziehen.

Am Anfang stand also nicht das Profil, sondern das, was die Kirchgemeinde bereits ist und tut. Im Profil haben Sie es dann benannt.

HH Jede Kirchgemeinde hat eine Kultur. Die wenigsten haben sie aber definiert. In einer Klausur haben wir zum Erforschen unserer Kultur *Appreciative Inquiry* umgesetzt: Die Leute erzählten ein schönes Erlebnis mit der Kirche und benannten die Gründe, die dazu geführt haben. Man kann nicht auf der grünen Wiese eine Kultur definieren, man muss sie hervorschälen.

MB Wir haben Interviews gemacht, in denen vieles bestätigt wurde, was wir im Thinktank herausgeschält haben. Zum Beispiel wurde gefragt, wie die Menschen Regensberg und seine Kirche wahrnehmen. Am meisten wurde genannt: familiär, offen, gemeinschaftlich. Das war also schon da. Wir sagten: «Das wollen wir bewahren.»

Haben Sie als kleine Gemeinde da einen Vorteil?

HH Je kleiner die Gemeinde, desto einfacher ist es, Profilgemeinde zu sein. In einer grossen Gemeinde gibt es viele Bedürfnisse. Was man auch nicht vergessen darf: Mit einem Profil schliesst du Leute ein – aber auch aus.

MB Regensberg ist überschaubar und familiär. Es hat viele Leute, die ähnlich gesinnt sind. Viele Beziehungen sind nicht nur Arbeitsbeziehungen, sondern auch Freundschaften. Das fördert einen geeinten Geist, man zieht an einem Strick.

Fördern Sie diese Nähe und das Vertrauen gezielt?

HH Wir versuchen es. Wir haben eine stark partizipative Kultur, mit den Mitgliedern und in der Leitung. Unsere Kirchenpflege-Sitzungen beispielsweise beginnen um 18.15 Uhr mit einer Befindlichkeitsrunde. Spätestens um 20.30 Uhr haben alle Hunger. Im Turnus ist jemand für die Verpflegung zuständig. Beim Essen kommt man ins Gespräch. Unsere Retraiten planen wir zudem immer mit allen Mitarbeitenden und mit Übernachtung. Die Stunden am Abend sind Gold wert.

Tag 3 – Methode
Einführung

Appreciative Inquiry

Appreciative Inquiry (AI) heisst übersetzt «wertschätzende Erkundung». Die Wertschätzung zeigt sich in der Haltung den Menschen und der Welt gegenüber: AI erkundet mit gezielten Fragen, welche Juwelen es im Menschen, dem Projekt oder der Organisation, um die es geht, zu entdecken gibt. David Cooperrider und Diana Whitney haben AI in den 1980er-Jahren für die Organisationsentwicklung ausgearbeitet. Sie waren der Überzeugung: In jedem Menschen, in jedem Projekt und in jeder Organisation gibt es etwas, das gut ist und funktioniert. Wenn darauf fokussiert wird, kann das Gute wachsen und sich vermehren.

Tag 3 – Methode
Appreciative Inquiry – Grundlegende Prinzipien

Was sind die Grundlagen für AI?

I. Konstruktivistisches Prinzip

Projekte, Organisationen und soziale Beziehungen sind von Menschen gemacht, sie sind nicht «naturgegeben». Das bedeutet: Sie haben nicht die *eine* richtige Form. Es bedeutet auch: Jede Person beschreibt sie aus ihrer eigenen Perspektive. Es gibt keine objektiv wahre Beschreibung, sondern eine Vielzahl an Geschichten und Bildern dazu. Welche Beschreibung man wählt, hat einen Einfluss auf die Wahrnehmung des Projekts oder der Organisation. So wird die Wirklichkeit konstruiert.

💡 AI sucht die hilfreichen, unterstützenden und wertschätzenden Perspektiven.

II. Prinzip der Gleichzeitigkeit

Wenn es stimmt, dass die Wirklichkeit einer Sache so stark durch Worte beeinflusst ist, haben Worte die Kraft, etwas zu verändern. Je nachdem, welche Worte man wählt, ändert sich die Wahrnehmung und damit die Wirklichkeit. Im Moment des Fragens beginnt deshalb bereits Veränderung.

💡 AI setzt auf Fragen, weil sie kraftvoll sind.

III. Vorwegnehmendes Prinzip

Das erste Prinzip lässt sich auf die Zukunft übertragen: Vorstellungen von der Zukunft erleichtern eine Entwicklung in diese Richtung. Je stärker man den Fokus auf etwas richtet, desto wahrscheinlicher erreicht man es (im Guten wie im Schlechten).

💡 AI arbeitet mit positiven Visionen, die aus eigenen Erfahrungen entstanden sind.

Tag 3 – Methode
Appreciative Inquiry – Grundlegende Prinzipien

IV. Poetisches Prinzip

Jeder Mensch, jedes Projekt und jede Organisation hat seine Geschichten: Geschichten aus guten und schlechten Tagen. Man entscheidet selbst, welche Geschichten man erzählt und welche Bilder man verwendet: für die Vergangenheit, die Gegenwart und die Zukunft.

> 💡 AI orientiert sich an positiven Bildern, Emotionen und Geschichten, die Menschen zu Handlungen bewegen.

V. Positives Prinzip

Die Konzentration auf die Stärken beeinflusst die Zukunft. Bei jedem Menschen, in jedem Projekt und in jeder Organisation gibt es etwas, das gut ist und funktioniert.

> 💡 AI schaut auf die positiven Dinge, damit sie sich vermehren können.

Tag 3 – Methode
Appreciative Inquiry – 5-D-Zyklus

Wie läuft ein AI-Prozess ab?

Ein *Appreciative-Inquiry*-Prozess wird häufig ausgelöst durch den Wunsch, die Aussenwirkung einer Organisation oder eines Projektes zu verändern («Wir wollen als familienfreundliche Kirche wahrgenommen werden»). Neben dieser Vision und der Strategie, die dahin führt, wird sich im Prozess aber auch die betroffene Struktur und Kultur verändern müssen. →Story Dies bedeutet, dass ein AI-Prozess auch auf der psycho-sozialen Ebene viel auslöst.

I. *Define* – Vereinbaren: Was wird erkundet?

Das Leitungsteam erarbeitet ein oder mehrere Kernthemen, die dem AI-Prozess seine Richtung geben. Es formuliert die Themen als positiven Kern: «Wir wollen herausragendes kirchliches Leben gestalten» (verbunden mit der Warum-Erklärung, →Tag 1).

Das Team legt den zeitlichen Ablauf, die Auswahl weiterer Methoden und den Einbezug von weiteren Personen fest.

II. *Discover* – Erkunden:
Was ist das Beste, das war und ist?

Gemeinsam mit allen partizipierenden Personen geht das Team auf die Suche nach dem Besten, das schon einmal war und da ist. Dies geschieht anhand von wertschätzenden Interviews und dem Teilen guter Erfahrungen. →Anwendung I

III. *Dream* – Träumen: Was könnte sein?

Auch in dieser Phase sind alle, die am Prozess teilnehmen, aktiv. In der Regel organisiert das Team eine Grossgruppenkonferenz, in der gemeinsam geträumt wird: Welche Möglichkeiten, Hoffnungen und Zukunftswünsche sind vorhanden? Was könnte alles sein?

In Gruppen werden diese Träume gesammelt und kreativ vorgestellt: in Bildern, Theaterstücken, einem Hörspiel usw.

Tag 3 – Methode
Appreciative Inquiry – 5-D-Zyklus

IV. *Design* – Gestalten: Was soll sein?

Aufgrund der motivierendsten Bilder und Träume entsteht eine Vielzahl an Vorschlägen und Ideen. Zu den Träumen kommen Thesen, wie die Zukunft aussehen wird, wenn das Beste in allen Bereichen gelebt wird. Davon werden ein bis zwei Prototypen ausgewählt und die nötigen Massnahmen für die Umsetzung definiert. Auch in dieser Phase bleiben die positiven Formulierungen wichtig, um den Schwung und die Energie zu erhalten. Eine Möglichkeit, diese Phase zu gestalten, ist SOAR. →Anwendung II

V. *Destiny* – Umsetzen: Was wird sein?

In der Umsetzungsphase geht es an die konkrete Planung, wie die Zukunftsaussagen Wirklichkeit werden können.

Tag 3 – Anwendung I
AI – Wertschätzendes Interview

Was ist das Beste, das bereits da ist?

Tag 3 – Anwendung I
AI – Wertschätzendes Interview

Ziel
Die Kirchgemeinde entdeckt ihre besten Seiten. Diese kann sie als Ressource für kommende Veränderungen nutzen. Zugleich wird durch das intensive Erzählen und Zuhören die Gemeinschaft gestärkt.

Vorbereitung
Das Vorbereitungsteam erstellt einen Leitfaden für die wertschätzende Erkundung im Paarinterview. Darin ist das Ziel formuliert: «Wir wollen gemeinsam die positiven Erfahrungen in unserer Kirchgemeinde erkunden und neue Einsichten gewinnen, in welchen Momenten die Kirchgemeinde wie ein Juwel glitzern konnte. Halte die Antworten deines Gegenübers darum stichwortartig fest.» Zusätzlich gibt es Tipps, wie man seinem Gegenüber genauere Angaben entlocken kann (beispielsweise «Warum war das wichtig für dich?») und für die eigene Haltung («Sei neugierig, höre zu und bewerte nicht. Lass deinem Gegenüber Zeit.»). Im Leitfaden sind zudem die Interviewfragen mit genug Platz für Notizen aufgeführt.

Überlegt euch, wen ihr auf die Entdeckungsreise mitnehmen möchtet, und ladet diese Personen ein. →Tag 5, Methode

Durchführung
Jede Person erhält einen Leitfaden und sucht sich ein Gegenüber. Nun hat man zwanzig Minuten Zeit für das erste Interview. Dann tauschen die Paare ihre Rollen.

Das Interview gliedert sich in drei Phasen:

① *Eröffnung:* «Lass die Erfahrungen mit der Kirchgemeinde Revue passieren.»
② *Fragen zum Kernthema:* «Welche Situation kommt dir in den Sinn, in der du dich (in Bezug auf das Kernthema) besonders erfüllt gefühlt hast und begeistert warst? Was war das für eine Situation? Was machte die Begeisterung aus? Wer war beteiligt? Was hast du selber zum Gelingen der Situation beigetragen?»

Tag 3 – Anwendung I
AI – Wertschätzendes Interview

③ *Abschluss:* «Kannst du die drei wichtigsten Faktoren nennen, die zum Gelingen der positiven Situation(en) beigetragen haben? Welche Wünsche hast du für die Zukunft der Kirchgemeinde?»

Auswertung

Ihr sammelt die wichtigen Faktoren, die sich in den Interviews gezeigt haben. Möglicherweise ist ein Muster erkennbar, mit dem ihr weiterarbeiten könnt.

Aus den Interviews erhaltet ihr eine reichhaltige, positive Beschreibung des Kerns eurer Kirchgemeinde. Der Prozess gibt positive Energie, weil er auf die Stärken fokussiert.

Was haben wir bereits, das uns in Zukunft helfen wird?

Ziel
Ihr führt eine Standortbestimmung nach SOAR durch. SOAR wurde entwickelt von Jacqueline M. Stavros und Gina Hinrichs und steht für *Stärken (strengths)*, *Chancen (opportunities)*, *Hoffnungen (aspirations)* und *Ressourcen (resources)*. Die Bestimmung macht ihr für die gesamte Kirchgemeinde, für ein Projekt oder ein Format. Mit dieser Grundlage seid ihr ausgerüstet, um zukünftige Aufgaben in diesem Bereich anzupacken.

Tag 3 – Anwendung
AI – SOAR

Vorbereitung

Schreibe ein grosses Plakat mit dem SOAR-Raster in vier Feldern: Stärken (Worauf können wir aufbauen? Was gelingt uns gut?), Chancen (Für was oder wen sind wir nützlich? Welche Gelegenheiten bieten sich uns?), Hoffnungen (Wo liegen unsere Passionen? Wo sehen wir uns mit Blick auf die Stärken und Chancen in 10 Jahren?) und Ressourcen (Wie sind wir aktuell für diese Zukunft ausgestattet?).

Lege genug Klebezettel und Stifte bereit für jede Person, die mitmacht.

Durchführung

Phase 1: Jede Person schreibt die Antworten zu den verschiedenen Fragen auf Zettel und klebt sie auf das Plakat.

Phase 2: Die Antworten werden gemeinsam geclustert und jeweils ein bis zwei davon ausgewählt als Antwort auf die Frage: «Wo wollen wir ansetzen?» Wichtig ist es zu erkennen, welche der Bereiche miteinander verbunden sind und voneinander abhängen. Gerade die Ressourcen dürfen nicht vergessen werden. Fragt darum bei jedem Schwerpunkt: «Haben wir die Ressourcen dafür? Können wir sie beschaffen? Oder verzichten wir auf etwas anderes, um Ressourcen freizusetzen?»

Auswertung

Ihr definiert die nächsten Schritte, die Verantwortlichkeiten und die zeitliche Einordnung. Zudem überlegt ihr: «Wer muss alles von diesen Entscheiden wissen? Wie berichten wir ihnen davon?»

Für Methodenmuffel

Gewöhne dir an, in der Pause, beim Mittagessen oder beim Feierabendbier mindestens die Hälfte deiner Redezeit auf Positives zu verwenden. Was ist gelungen diese Woche? Welches Projekt begeistert dich gerade? Welcher Kollege hatte einen entscheidenden Einfall? Welche Kollegin hat Mut bewiesen und wurde dafür belohnt?

Tag 4

Ressourcen und Verwaltung

	Einführung		Tools und Anwendungen
115	Ressourcen und Verwaltung	137	Wie kann unsere Kirchgemeinde mit ihren Ressourcen sorgsam umgehen?
	Story		
118	Immobilien der Kirchgemeinde Stammheim		Anwendung I
		137	Liegenschaften – 25 Aktivitäten
	Im Gespräch		Tool
129	Wipkingen – Die Klimabewegung in der Kirche	140	Personal – Kompetenzstrukturmodell
131	Gossau – Gute Personalführung		
133	Hettlingen – Sparen ist angesagt		Anwendung II
135	Kirchenrat – Handlungsfähig in die Zukunft	143	Personal – Gesundheitszirkel
			Anwendung III
		146	Personal – Improvisationstheater

Wie nutze
als Kirche
unsere Re
nachhaltig

n wir

ssourcen

?

☑ Tag 4
   Tagesziel

   Die Kirchgemeinde bleibt durch den Fokus auf ihre Aufgabe sowie einen sorgsamen Blick in Bezug auf Personal, Umwelt, Liegenschaften und Finanzen mittel- und langfristig handlungsfähig.

○ Du weisst, welche inhaltlichen Schwerpunkte deine Gemeinde in den nächsten acht Jahren umsetzen will.
○ Du kennst die Herausforderungen, die in Bezug auf Personal, Finanzen und Liegenschaften in dieser Zeit auf deine Gemeinde zukommen.
○ Du siehst die gesellschaftlichen Veränderungen als Chance, deine Gemeinde weiterzuentwickeln.

Tag 4 – Einführung
Ressourcen und Verwaltung

Bürokratie oder Botschaft?

Wer nicht gerade Jurist oder Beamtin ist, denkt beim Begriff «verwalten» vielleicht zuerst nicht an Positives, sondern eher an anstrengende Sitzungen, bürokratische Vorgänge, Konzepte oder daran, dass die Struktur vor Menschen und ihre Bedürfnisse gestellt wird. Doch ist eine solch negative Sicht von Verwaltung gerechtfertigt?

Im kirchlichen Umfeld spricht man im Zusammenhang mit verschiedenen Gütern oder Ressourcen von Verwaltung:

- *Geld und Liegenschaften:* Sie sind vom Menschen zu einem bestimmten Zweck gemacht. Sie sollen der Organisation, der Gemeinschaft und dem angenehmen Aufenthalt dienen.
- *Um- und Mitwelt:* Der Vers aus der Schöpfungsgeschichte «Und Gott sprach: Lasst uns Menschen machen als unser Bild, uns ähnlich. Und sie sollen herrschen über die Fische des Meeres und über die Vögel des Himmels, über das Vieh und über die ganze Erde und über alle Kriechtiere, die sich auf der Erde regen» (Gen 1,26) hat viel Unheil angerichtet. Aus dem Zusammenhang gerissen kann er als Legitimation zur Ausbeutung der Mitwelt dienen. Mittlerweile wird das Gegenteil betont: Herrschaft soll als Dienst an der Mitwelt gelesen werden.
- *Personen:* Ebenso wie die Mitwelt von Gott geschaffen ist, gilt dies für die Menschen, also beispielsweise für Mitarbeitende, Freiwillige und die Mitglieder der Kirchgemeinde. Auch im Umgang mit ihnen soll eine dienende Haltung darum vorherrschen.
- *Botschaft:* Theologisch gesehen geht es immer auch um das Evangelium, die gute Nachricht, und nicht allein um materielle Güter.

Tag 4 – Einführung
Ressourcen und Verwaltung

Der Inhalt steht am Anfang

Dass bei der Verwaltung nicht nur zähl- und sichtbare Güter oder Ressourcen wie Finanzen, die Mitwelt oder Personen im Zentrum stehen, zeigt ein Blick auf die Bedeutung des Worts: «Verwaltet» wird stets etwas (Ressourcen, Umwelt, Menschen, Botschaft) *für* jemanden. Gott gibt den Menschen sowohl materielle als auch immaterielle Ressourcen leihweise zur Verwaltung. Diese sollen sie im Hinblick auf das Reich Gottes verwalten. Verwaltung ist damit der Leitung nahe, sie ist ihr dienendes Handeln. →Tag 6
Dies zeigt auch der Blick auf die hebräischen und griechischen Begriffe, die mit «verwalten» übersetzt werden können. Sie können auch als *pflegen, sich etwas annehmen, nützlich sein, sorgen, sich kümmern, dienen, sich befleissigen* oder *vorstehen* und *leiten* übersetzt werden.

Verwaltung muss in der Kirche immer auch theologisch legitimiert sein, weil sie kein Selbstzweck ist, sondern im Dienst Gottes steht. Eine der ersten Überlegungen im Umgang mit Ressourcen muss also immer eine theologisch-inhaltliche sein: Wie wollen wir an unserem Auftrag mitwirken? Was brauchen wir, um unsere Warum-Erklärung umsetzen zu können? →Tag 1

Davon ausgehend werden strukturelle und organisatorische Entscheidungen gefällt. Diese sind förderlich für die Verwirklichung der Verkündigung der Botschaft und die Sorge für das Gemeinwohl im kirchlichen Alltag. Dies gilt für Einzelfragen wie: «Was soll mit einem Kirchengebäude passieren, wenn nach einer Fusion drei Kirchen zur Verfügung stehen, aber nur zwei davon gebraucht werden?» Oder: «Wie können wir unser Budget um 10 % verkleinern?» Es gilt aber auch für die Umsetzung der während der Arbeit mit diesem Buch erarbeiteten Strategie der Gemeindeentwicklung insgesamt.

«Gutes» Verwalten

Lassen sich Kriterien für «gutes» Verwalten formulieren? Einerseits kann hier auf biblische und reformatorische Texte verwiesen werden. Wie bereits erwähnt, betonen sie den dienenden Aspekt: Eine Kirchgemeinde verwalten, bedeutet, auch Gott als

Tag 4 – Einführung
Ressourcen und Verwaltung

auftraggebender und leitender Grösse dienen. Was immer getan wird, dieser Blick muss gewahrt und nicht von partikularen Interessen verschleiert werden. Es bedeutet zudem, den Mitgliedern, aber auch den Menschen allgemein und dem Gemeinwohl, zu dienen. Dies, weil der Auftrag der Kirche allumfassend, *katholisch*, ist. So versteht sich die reformierte Kirche im Kanton Zürich bis heute als Volkskirche, womit sie sich selber diesem weiten Blick verschreibt.

Ein sinnvoller Umgang mit den Ressourcen muss im transparenten Gespräch mit einer breiten Gruppe von Betroffenen und Interessierten gefunden werden (Soziallabor): Für welche konkreten Aufgaben werden die Finanzen verwendet? Wie kann zusätzliches Geld gewonnen werden? Was kann in ungenutzten Liegenschaften entstehen? Welche Personen sollen für welche Aufgaben eingestellt werden? Wie wird die Schöpfung sorgsam geachtet?

Lernbereitschaft als Grundkonstante der Verwaltung

Die Beispiele in diesem Kapitel zeigen ein weiteres Merkmal guter Verwaltung: Lernbereitschaft. Die Kirchgemeinde Stammheim ist mit zwei alten Kapellen beschenkt und herausgefordert und sucht den richtigen Umgang damit. *Im Gespräch* lernt die Kirchgemeinde Zürich von der Klimabewegung. Zwei Mitarbeitende in Gossau lernen die Menschen in ihrer Kirchgemeinde immer besser kennen, um stärker auf ihre Fähigkeiten, Bedürfnisse und Grenzen einzugehen. Die Kirchgemeinde Hettlingen lernte auf die harte Tour, dass Geld endlich ist und Ausgaben in der Gemeinde aufeinander abgestimmt werden müssen. Und Michel Müller erzählt aus der Perspektive des Kirchenratspräsidenten, wie er lernt, seinen Blick zu weiten.

Auch die *Ideen zum Selbermachen* erzählen von Lernfeldern: Umweltmanagement und Fundraising. Die «Methoden, Tools und Anwendungen» bieten unterschiedliche Impulse, um in der eigenen Kirchgemeinde ganz konkret zu lernen: die Kirche (wieder) füllen, Kompetenzen der Mitarbeitenden schätzen, auf die Gesundheit des Personals achten und ein gutes Miteinander spielerisch üben.

Tag 4 – Story
Immobilien der Kirchgemeinde Stammheim

Immobilien als Last oder Schatz?

Alte Kapellen eignen sich für malerische Hochzeiten im Sommer. Sonst sind sie unpraktisch und ihr Unterhalt kostet Unsummen. Was tut die Kirche damit?

Tag 4 – Story
Immobilien der Kirchgemeinde Stammheim

Die Kirchgemeinde Stammheim liegt idyllisch im Zürcher Weinland. Inmitten von Weinreben steht die Galluskapelle. Sie ist eine der vier Liegenschaften der Kirchgemeinde. Neben der Kapelle gehören die Dorfkirche mit angebautem Pfarrhaus, die Wirthenstube (Kirchgemeindehaus) und eine weitere Kapelle in Waltalingen zum Immobilienportfolio. Die beiden alten Kapellen sind wunderschön – können aber aufgrund von Schutzauflagen weder geheizt noch beliebig genutzt werden. Ihr Unterhalt verschlingt grosse Summen. Wie soll die Gemeinde damit umgehen, wenn das Geld weniger wird?

Kopf und Herz

Die Christnachtfeier in Stammheim findet jeweils in der Galluskapelle statt. Nach dem Gottesdienst treten die Besucherinnen und Besucher mit einer Kerze in der Hand in die dunkle Nacht. Mit Blick auf das Stammertal singen alle gemeinsam «Stille Nacht, heilige Nacht» ins Land hinaus.

«Wenn ich in der Kapelle bin, geht mein Herz auf», sagt Janine Landolt-Spiegel (Kirchenpflegepräsidentin). Die Galluskapelle wird abends von der Sonne angestrahlt und leuchtet aus dem Weinberg. «Ich bin jede Woche drei- bis viermal bei der Galluskapelle», ergänzt Peter Zollinger (Kirchenpfleger). «Die Kapelle ist einzigartig.» Für Janine Landolt und Peter Zollinger ist klar: Emotional gesehen muss die Kapelle Teil der Kirchgemeinde und des kirchgemeindlichen Lebens bleiben. «Es gibt Hochzeiten da – und die Leute kommen fünfzig Jahre später wieder und schreiben sich ins Gästebuch ein», sagt Peter Zollinger. Dasselbe empfinden die beiden gegenüber der Antoniuskapelle.

Doch: «Wenn ich den Kopf anschalte, dann sehe ich die Kosten, die Pflichten und die ungewisse Zukunft, die die Kapellen mit sich bringen», sagt Janine Landolt. Sie stehen seit 1965 unter Bundesschutz. Die beiden Kapellen haben einen Versicherungswert von 2 325 000 Franken. Ein Prozent davon, also 23 250 Franken, sollten jährlich in den Unterhalt investiert werden. Zusammen mit den restlichen Gebäuden beläuft sich der

Tag 4 – Story
Immobilien der Kirchgemeinde Stammheim

jährliche Unterhaltsbedarf durchschnittlich auf 100 000 Franken, was 11 % des jährlichen Aufwands der Kirchgemeinde ausmacht. Im Jahr 2020 hat die Kirchgemeinde 170 000 Franken für die Dachsanierung der einen und 11 000 Franken für die Instandsetzung der Fresken der anderen Kapelle bezahlt.

Schwierige Voraussetzungen

«Im Moment können wir uns das gerade noch leisten», sagt Peter Zollinger, «doch mit der angekündigten Anpassung des Finanzausgleichs werden die uns zur Verfügung stehenden Mittel massiv zurückgehen.» Darum hat sich die Kirchenpflege in Stammheim gefragt, wie sie den Unterhalt mit weniger finanziellen Mitteln leisten können. Die Antwort lautet: gar nicht. Die Gebäudeunterhaltskosten werden nicht abnehmen mit den Jahren. «Die Rechnung geht nicht auf», sagt der Liegenschaftsverantwortliche. «Es kann nicht sein, dass wir für die Gebäude Ressourcen verwenden müssen, die wir für unser Kerngeschäft brauchen.»

Das Dilemma der Stammheimer kennen viele Kirchgemeinden. Kirchengebäude sind schwierige Gebäude. Oft sind sie als kantonales oder nationales Denkmal eingetragen. Das bedeutet, dass sowohl die Nutzung als auch der Unterhalt an diverse Auflagen gebunden ist: Die Kirchenbänke dürfen nicht entfernt werden, das Gebäude darf nicht geheizt werden, es darf nichts dazugefügt oder entfernt werden vom Gebäude und die Baumaterialien sollen auch bei einem Ersatz möglichst epochengemäss bleiben. Solche Vorgaben machen die Kirchen, Kapellen und teilweise auch Pfarr- und Kirchgemeindehäuser zu teuren und unpraktischen Liegenschaften. Auch wenn sie nicht als Kulturgut eingetragen sind, haben sie aufgrund ihrer zentralen Lage, ihrer Sichtbarkeit und Symbolik einen besonderen Status.

«Wir können die Kapellen nicht verlottern lassen», sagt die Kirchenpflegepräsidentin von Stammheim, «dafür sind sie für uns alle emotional zu wichtig.» Sie sehen sich verpflichtet, den werterhaltenden Unterhalt der Kapellen sicherzustellen. Die nächsten fünf Jahre können sie die Kosten noch tragen – bald aber kommt der Punkt, wo es nicht mehr geht. «Und dass wir die Jugendarbeiterin entlassen müssen, um die Kapellen zu erhalten, das kann ja nicht sein!», ergänzt Peter Zollinger.

Ressourcen sinnvoll einsetzen

Die Kirchgemeinde Stammheim ist sich im Klaren, dass der inhaltliche Auftrag vor der Erhaltung der Gebäude steht. Der Erhalt von Liegenschaften ist eine neuere Herausforderung. Thematisiert wird aber in der Bibel beispielsweise, wie Menschen mit den ihnen zur Verfügung stehenden Mitteln oder Gütern umgehen. Einerseits wird die Gefahr benannt, dass Geld oder Reichtum den Menschen die Sicht auf ihre Mitwelt, andere Menschen und deren Bedürfnisse vernebeln kann. Andererseits wird darauf hingewiesen, dass bei einem dienenden, weitsichtigen und demütigen Einsatz der immateriellen Gaben und materiellen Mittel diese durchaus einem guten, die Gemeinschaft unterstützenden Zweck dienen können (beispielsweise Mk 14,3–9 oder 1Petr 4,10–11 und 5,1–3). Die neutestamentlichen Briefe und Erzählungen weisen darauf hin, wie wichtig es ist, den spezifischen Kontext, die betroffenen Personen und Güter zu beachten.

Sensibilisierung der Öffentlichkeit

So kommt auch die Kirchenpflege in Stammheim zum Schluss: Wir brauchen die Kapellen für unseren Kernauftrag vor Ort nicht. Darum könnte eine neue Trägerschaft für die Kapellen gesucht werden. «Solange nicht eine Privatperson die Kapellen kauft und sie der Öffentlichkeit verschliesst beziehungsweise zweckentfremdet, wäre es eine gute Lösung», sagt Janine Landolt. «Doch wir von der Kirchenpflege sind nicht die einzigen, die zustimmen müssen», gibt sie zu bedenken, «da sind noch die Mitglieder und die Leute aus dem Dorf. Und auch der Kirchenrat müsste einem Verkauf zustimmen.»

Weil von einer solchen Entscheidung viele Menschen betroffen sind, spricht die Kirchgemeinde das Thema Trägerschaft der Kapellen seit einem Jahr immer wieder öffentlich an. An einer Medieninformation mit dem plakativen Titel «Kapelle

Tag 4 – Story
Immobilien der Kirchgemeinde Stammheim

zu verkaufen!» begann die Sensibilisierung des Dorfs. «Die Leute müssen sich an den Gedanken gewöhnen, dass die Kapellen eines Tages nicht mehr zur Kirchgemeinde gehören könnten», sagt Janine Landolt.

Stammheim hofft, dass über die Kapellen gesprochen wird und vielleicht so plötzlich eine neue Lösung im Raum steht. Sie wollen verschiedene Personen aus dem Dorf und der Umgebung einladen, um über eine mögliche neue Trägerschaft nachzudenken. Das Vertrauen darauf, dass hier Geld sinnvoll eingesetzt werden kann, muss zuerst wachsen.

Was heisst nachhaltig wirtschaften?

«Wir merken, wir kommen an eine Grenze», sagt Peter Zollinger. «Wir haben nicht die Zeit, uns mit dieser Aufgabe zu befassen. Wir haben auch nicht die nötigen Fähigkeiten. Zudem: Wenn wir als einzelne Kirchgemeinde mit dem Kanton und dem Bund verhandeln und eine einzelne kleine Stiftung gründen, ist das unsinnig. Wir sind ja nicht die einzigen, die das Problem haben.»

Nachhaltiges Haushalten bedeutet für die Kirchenpflege von Stammheim, drei Dinge im Blick zu haben: den Auftrag, die Zukunft und die eigenen Möglichkeiten und Ressourcen. «Wir wollen uns den Menschen widmen», sagt Janine Landolt, «und nicht einen Prozess starten, der unsere knappen zeitlichen Ressourcen jahrelang absorbiert.» Gute Verwalterschaft heisst für die Kirchenpflege nicht, alles selber machen zu müssen. Sie sehen die Herausforderung, die auf sie zukommt. Sie versuchen diese so gut sie können anzugehen. Darum unterhalten sie die Kapellen im Moment weiter. Und sie wägen ab, was in ihren Möglichkeiten steht, und wo sie etwas delegieren müssen. Dabei hoffen sie auf das Soziallabor, mit dem die Kantonalkirche das Thema angehen möchte. «Natürlich helfen wir bei der Suche nach einer neuen Trägerschaft, wir sind ja vor Ort», sagt Peter Zollinger, «aber wir brauchen Hilfe dabei.» Nachhaltig wirtschaften bedeutet hier, sich nicht zu überschätzen und Unterstützung zu finden.

Umweltmanagement und «Grüner Güggel»

Die Kirchgemeinde Bülach hat sich vor einigen Jahren entschieden, umweltbewusster zu sein. Dafür hat sie ein Ökologieleitbild verfasst und Schwerpunkte beim Umweltmanagement gesetzt. Sie verpflichtete sich, Umweltbelastungen zu reduzieren und sich im Umweltmanagement kontinuierlich zu verbessern. Zudem hat sie im Leitbild festgehalten, dass sie bei der Beschaffung von Materialien und Esswaren die Fairness, Herkunft, Nachhaltigkeit und Artgerechtigkeit beachtet und den Verbrauch von Ressourcen vermindert. Dies war einer der Schritte auf dem Weg zur ISO-Zertifizierung, die mittlerweile durch den «Grünen Güggel» abgelöst wurde. Ein Umweltteam erarbeitete das Leitbild, machte Bestandsaufnahmen und verfasste Programme. Das dazu notwendige Wissen und die Zertifizierung bietet der Verein «oeku Kirchen für die Umwelt».

«Die Vernetzung mit anderen in Bülach, für die Umweltbewusstheit wesentlich ist, bleibt bis heute wichtig», sagt Carola Graf (Kirchgemeindeschreiberin). «Diese Fäden laufen bei mir zusammen.» Sie leitet als «Schöpfungsbeauftragte» das Umweltteam. Dieses hat sich mit dem Leitbild zusammen im Alltag der Gemeinde etabliert. Bei Beschaffungen wird beispielsweise nicht die billigste Lösung gesucht, sondern die optimale. Das beinhaltet neben finanziellen, technischen und sozialen in Bülach immer auch ökologische Kriterien.

Trotz der bald zehn Jahre Übung ist das Thema Umwelt kein Selbstläufer. «Der Anfang ist fast einfacher», erzählt Carola Graf, «da kann man richtig viel verbessern. Es gibt sichtbare Ergebnisse. Mittlerweile sind die Veränderungen kleiner – aber es gibt sie noch!» Die Schwerpunkte haben sich von Energie, Recycling, Baufragen und Arealgestaltung auf die Papierverwendung oder das Umsteigen auf Glasflaschen verlegt. «Auch diese kleinen Veränderungen erzielen eine Wirkung», sagt Carola Graf. Wem die Zertifizierung durch den «Grünen Güggel» zu gross sei, könne denn auch kleiner anfangen. «Es findet sich immer ein Projekt, das sich lohnt, anzugehen», meint sie.

Fundraising

Der Kirchturm muss renoviert werden – ein Posten im Budget oder die Möglichkeit für zusätzliche Spenden? «Ein solches Wahrzeichen ist geeignet für Fundraising», sagt Achim Kuhn (Pfarrer) aus Männedorf. Er hat sich in Chicago und an der kirchlichen Fundraising-Akademie in Deutschland entsprechendes Wissen angeeignet. «Man kann die Leute auf verschiedenen Ebenen ansprechen», erklärt Achim Kuhn. «Gefühlsmässig ginge mit dem Turm ein Stück Heimat und Familiengeschichte verloren – nicht nur für Kirchgänger. Zudem ist allen klar, dass ein nicht renovierter Kirchturm gefährlich werden kann. Wenn man dann noch vermitteln kann, dass ein persönlicher Beitrag wirklich dienlich ist, fühlen sich viele angesprochen!»

Wichtig ist auch zu überlegen, wen man anspricht: «Natürlich kann man alle Dorfbewohner oder alle Kirchgemeindemitglieder anschreiben. Vielversprechender ist es allerdings, wenn man Zielgruppen in den Blick nimmt, für die der Kirchturm wichtig ist.» Dies könnte der örtliche Naturschutzverein sein wegen der Nistmöglichkeiten, der Turnverein, weil die Glocken für das Turnfest läuten, oder der Gewerbeverein, weil die Kirche Blumen, Essen und Reparaturen immer bei örtlichen Handwerkern bestellt. «Bei einer Spendenanfrage haben wir einen klaren Vorteil gegenüber NGOs: Wir kennen die Leute, sie vertrauen uns», sagt Achim Kuhn.

Was man nach einer solchen Kampagne nicht vergessen darf, ist sich zu bedanken: «Das ist wie bei der freiwilligen Mitarbeit: Ob die Leute Geld, Zeit oder Fähigkeiten einsetzen – wir bedanken uns mit einem Dankeschön entsprechend ihrem Einsatz.»

Neben der Spendensammlung empfiehlt es sich, bei Stiftungen Geld zu beantragen. Man findet sie im Stiftungsverzeichnis. Wichtig ist es, den Stiftungszweck zu beachten und einen übersichtlichen Antrag mitzusenden, bei dem die Eigenleistungen sichtbar sind. «Sonst hat man keine Chance», bescheidet Achim Kuhn. «Wenn man es sauber macht, lohnt es sich aber. Gerade für Beiträge im Bereich Gebäude, Gärten oder Kultur passen viele der über 13 000 Stiftungen in der Schweiz.»

Tag 4 – Im Gespräch
Wipkingen – Die Klimabewegung in der Kirche

«Der Raum muss der Gesellschaft nützen.»

Seit dem Sommer 2020 stellt die Kirchgemeinde Zürich die Kirche Wipkingen Klimastreikenden zur Zwischennutzung zur Verfügung. Während zweieinhalb Jahren sollen in der von ihnen «Klimaanlage» genannten Kirche öffentliche Debatten, Sitzungen und Anlässe stattfinden. Annik Färber (Co-Präsidentin Verein Klimastreikräume) und Michael Braunschweig (Kirchenpflege) geben Auskunft.

Tag 4 – Im Gespräch
Wipkingen – Die Klimabewegung in der Kirche

Sind Kirchen spezielle Räumen?

Annik Färber Die Kirche ist für mich ein Raum wie jeder andere. Er soll den Menschen und der Gesellschaft nützen. Der viele Platz könnte kreativ gefüllt werden! Mein Gefühl in Kirchen ist aber oft ein anderes: Es gibt eine Leere und es wird Andacht und Ehrfurcht gefordert.

Michael Braunschweig Für mich sind Kirchen spezielle Räume: Sie heben sich optisch und symbolisch von anderen Gebäuden ab. Ich bin einverstanden: Sie sollen öffentlich genutzt werden, indem Räume eröffnet werden für die Gestaltung und das Träumen einer besseren und gerechteren Welt.

Wie können Kirchengebäude das ausstrahlen?

MB Man soll dem Raum ansehen, dass Menschen mitgestalten. Natürlich haben auch stille Räume eine Qualität. Bereichernd wäre, wenn unterschiedliche Kirchengebäude unterschiedlich genutzt werden könnten. Ich persönlich finde, man dürfte mutiger sein. Man könnte wahnsinnig tolle Sachen machen: beispielsweise Skaterparks, Escape-Rooms oder dreidimensionale Labyrinthe.

Ist denn ein Kirchengebäude überhaupt praktisch für eine andere Nutzung als die liturgische?

AF Der grosse Raum ist toll. Eine Kirche, die man nicht als Kirche nutzen möchte, bietet viele Möglichkeiten. Wir haben auch einen Raum in einem Bürogebäude. Dieser ist architektonisch viel eingeschränkter. Wir hatten viele Ideen, wie wir die Kirche nutzen könnten: einen zweiten Boden einbauen und Container reinstellen. So könnte man Wohnraum bieten für Menschen, die sich das Wohnen in der Stadt nicht leisten können.

Was konnten Sie umsetzen?

AF Wir konnten die Seitenschiffe als Sitzungsräume abtrennen. Bereits das dauerte wegen Diskussionen mit dem Denkmal- und Brandschutz lange. Mehr liegt wohl nicht drin. Der grosse Raum ist aber auch an sich cool: man kann Transparente malen und grosse Versammlungen abhalten. Obwohl wir auch hier merken, dass wir anders ticken als der Raum: Architektonisch ist alles ausgerichtet auf den einen Punkt vorne. Das entspricht uns nicht.

Was ist der Gewinn der Zwischennutzung für die Kirchgemeinde?

MB Gerade der letzte Punkt ist inhaltlich interessant. Fast alle Kirchenräume sind auf eine Mitte zentriert. Dort haben die Pfarrerin oder der Pfarrer die Autorität, das Wort zu verkünden. Man kann fragen, ob diese Einwegkommunikation eine zeitgemässe Form der Kommunikation ist. Uns kommt mit den Klimastreikenden eine Bewegung entgegen, die an einem gemeinsamen Anliegen arbeitet. Sie ist partizipativ und netzwerkartig, flach hierarchisch oder gar nichthierarchisch organisiert. Da frage ich mich: Warum beschränken wir uns auf *eine* Form und manifestieren das auch räumlich? In der Begegnung mit anderen lernen wir, wie wir funktionieren – und was auch möglich wäre.

Was bedeutet die Zwischennutzung für die Klimastreikenden?

AF Es ist uns ein Anliegen, dass wir mit Religionsgemeinschaften genauso wie mit Gewerkschaften oder anderen Organisationen zusammenarbeiten, weil es gemeinsame Wege und Anliegen gibt. Es entsteht ein Dialog. In eine Kirche zu ziehen, war aber auch eine ideologische Frage: Das sind im Moment ungenutzte Räume. Wenn man mit der Klimakrise konfrontiert ist, muss man als Gesellschaft neue Wege und Ideen für vieles finden. Da fragt man sich auch: Wie kann man alte Strukturen neu nutzen?

Tag 4 – Im Gespräch
Gossau – Gute Personalführung

«Wer sich selber nicht mag, ist auch für die rundherum keine Freude.»

Die Kirchgemeinde Gossau hat ein lebendiges Kirchgemeindeleben, das nicht zuletzt durch den Einsatz vieler Freiwilliger möglich ist. Peter Hartmann (Geschäftsleiter) und Markus Hardmeier (Sozialdiakon) kennen die Gemeinde seit vielen Jahren: Aus der Perspektive der engagierten Jugendlichen und jungen Erwachsenen, als Gemeindeglieder und als Angestellte. Dass sie seit Jahren dabei sind, hat auch damit zu tun, dass Menschen und ihre Entfaltung in der Gemeinde im Zentrum stehen.

Tag 4 – Im Gespräch
Gossau – Gute Personalführung

Was beinhaltet für Sie gute Personalführung?

Markus Hardmeier Ich betreue Freiwillige. Ihr Lohn ist die Wertschätzung und die Freude, ihre Gaben entdecken zu können. Wenn mir gelingt, sie zu begeistern, etwas rauszukitzeln, eine Gabe abzuholen oder eine Teamerfahrung zu ermöglichen – das ist gute Personalführung.

Peter Hartmann Der Coach und Pastor John C. Maxwell formuliert, dass sich Mitarbeitende über ihre Leitungspersonen fragen: «Interessierst du dich für mich?» – «Bist du verlässlich?» – «Kannst du mir weiterhelfen?» Diese Fragen sind mir Richtschnur. Gegenseitiges Vertrauen ist dafür wichtig. Wenn ich sehe, dass jemand gute Arbeit leistet, gebe ich möglichst viel Freiheit. Wenn es nicht so gut läuft, wird der Rahmen enger.

Das heisst, Sie kennen die Freiwilligen und Angestellten sehr gut?

MH Ja. Wenn ein Projekt ansteht, beispielsweise die Herbstwoche, überlege ich: Was für Begabungen und Charaktere sollen im Team vertreten sein? Dann frage ich ganz spezifisch Personen an: «Ich brauche dich, weil du das und das mitbringst.» Häufig stelle ich ein Team so zusammen.

PH Hilfreich ist das Interesse an den Menschen. Daraus ergeben sich viele Beziehungen und Beobachtungen. Man sieht, was die Leute können und gern machen.

Wie unterstützen Sie die Mitarbeitenden bei ihrer Selbsteinschätzung?

MH Wir haben Seminare, in denen die Leute ihre Gaben, Neigungen und Leidenschaften besser kennenlernen können. Wir wollen gemeinsam rausfinden, wo sich die Leute entwickeln können und stark sind. Ich versuche zudem in jedem Team ein bis zwei Personen zu haben, die nicht «fertig ausgebildet» sind. Die Person kann so ihre Selbsteinschätzung, ihre Kompetenzen und ihr Selbstbewusstsein entwickeln.

Wo liegen die Herausforderungen bei der Personalführung?

MH Ein Knackpunkt ist, wenn jemand nicht am richtigen Ort ist. Damit tue ich mich schwer. Wenn es sich negativ auf das Team oder den Bereich auswirkt, muss ich es aber ansprechen.

PH Ich habe Menschen sehr gern. Darum denke ich manchmal zu lange, dass Personen sich schon noch gut entwickeln. Das hat auch schon andere im Team überfordert. Ich habe gelernt: Wenn Leistungen nicht stimmen, muss ich früher intervenieren.

Kirchliche Arbeit kann belastend sein: zu viel Arbeit, zu wenig Abgrenzung, unterschwellige Konflikte. Wie gehen Sie damit um?

MH Ich konnte eine Zeit lang gesundheitsbedingt selber nicht voll arbeiten. Nun versuche ich, meine Selbstsorge noch stärker im Blick zu haben. Manchmal sagt zudem Peter Hartmann als mein Vorgesetzter: «Jetzt musst du aufpassen.» Er unterstützt mich auch ganz praktisch, wenn er beispielsweise vorschlägt: «Komm, wir zeichnen das Jahr auf und schauen, wo die Spitzen sind und wo man dich entlasten könnte.»

PH Ich hatte jahrelang Rückenbeschwerden. Das hat viel Energie gebraucht. Nun versuche ich, achtsam zu sein: mit mir und anderen. Ich sage auch mal: «Wenn du für dich als Person nicht geniessbar bist, dann kann ich dir die Hand darauf geben, dass die rundherum dich auch schwierig finden.» Jesus sagt: «Liebe Gott von ganzem Herzen und die Nächsten wie dich selbst.» Wenn ich mich selber nicht gernhabe, ist es schwierig, andere gern zu haben, weil ich bei mir festklebe. Da hilft mir meine Gottesbeziehung und das Angenommensein, daraus wächst die Liebe zu meinen Mitmenschen.

Tag 4 – Im Gespräch
Hettlingen – Sparen ist angesagt

«Man spürte: Jetzt gilt es ernst!»

Die Kirchgemeinde Hettlingen musste aufgrund geringerer Steuereinnahmen ihren Gesamtaufwand im Budget von einem Jahr auf das andere um 15 % kürzen. Dazu kam, dass die Rechnung ein übergrosses Defizit aufwies. Zusätzlich war der Finanzvorsteher schwer krank und lag im Sterben. Wie geht die Gemeinde mit diesen Herausforderungen im Bereich Finanzen um? Jacques-Antoine von Allmen (Kirchenpflegepräsident), Barbara Jones (Kirchenpflege) und Christoph Liebi (Beratung, Kirchenpflege Nachbargemeinde) erzählen.

Tag 4 – Im Gespräch
Hettlingen – Sparen ist angesagt

Das Finanzressort verweist, ein übergrosses Defizit und Sorge um das finanzielle Gleichgewicht: Was haben Sie aus der herausfordernden Situation gelernt?

Christoph Liebi Man will einen Kollegen nicht zusätzlich belasten, wenn es ihm schlecht geht. Darum wäre es in Zukunft hilfreich, wenn die Stellvertretung Zugriff auf alle Daten hätte.

Barbara Jones Wir haben einiges über den Prozess mit Finanzen allgemein gelernt: Vorher hatten wir das Budget jeweils einzeln aufgestellt. Man konnte seine Wünsche vorbringen und das meiste wurde bewilligt. Auch in der Kirchenpflege war der Umgang mit Finanzen zu wenig streng. Wenn jemand sagte: «Für die Senioren braucht es einen zweiten Handlauf», dann war das so, Punkt. Als der Ernst der Lage klar war, fragten wir plötzlich: «Können wir uns das leisten?»

Was hat Ihnen in der Situation geholfen?

Jacques-Antoine von Allmen Wichtig war, dass wir schnell jemand Externes geholt haben, zuerst von der Kantonalkirche. Das hat allen Behördenmitgliedern gezeigt: Die Lage ist ernst. Dann suchten wir einen erfahrenen Fachmann, der uns unterstützen konnte. Christoph Liebi hat den Budgetentwurf klar und nachvollziehbar dargestellt. Häufig ist der sehr unübersichtlich, was ein Hindernis ist.

BJ Wir haben auch von der politischen Gemeinde Hilfe erbeten. Mit ihnen haben wir überlegt: Was müssen wir sofort regeln und was längerfristig?

Wie haben Sie gekürzt, als Sie gemerkt haben: So geht es nicht weiter?

CL Für mich ist der Prozess sehr positiv gelaufen. Die ganze Kirchenpflege war sich bewusst, wie schwierig die Situation ist. Es gab keine Kämpfe und kein «Gärtchen-Denken».

JA Wichtig war, dass Barbara Jones nicht nur stellvertretende Finanzverantwortliche war, sondern auch ein inhaltliches Ressort hat. Sie ging mit gutem Beispiel voran. Sie hat zuerst bei sich den Rotstift angesetzt. Dann hat sie mit den anderen genau hingeschaut, wo man sparen könnte. Wir haben alle am gleichen Strick gezogen, das war extrem wichtig.

BJ Wir haben gemerkt: Wir müssen innerhalb einer nützlichen Frist auf die Null kommen. Das geht nur mit Einschränkungen und nicht mit Hoffnung.

Was haben Sie gekürzt?

JA Der grösste Posten im Budget ist das Personal. Zum Glück waren 40 % der gemeindeeigenen Pfarrstelle nicht besetzt. Wir fragten: Was können wir uns noch leisten? Von den bestehenden Mitarbeitenden war niemand betroffen.

CL Im Nachgang müsste man sagen, man hätte beschliessen sollen: «Bei den Mitarbeitenden kürzen wir nicht.» Und das dann klarer kommunizieren sollen.

BJ Wir haben Einsparungen gemacht mit dem Wissen: Wenn wir sparen, können wir uns noch ein Bisschen der Pfarrstelle leisten. Man hatte ein gemeinsames Ziel. Und wir haben es geschafft: Wir konnten 20 % der Stelle behalten. Eingespart haben wir grössere Posten bei der Werbung, bei Spesen, wir haben Ferienangebote und Zuwendungen gekürzt und gewisse Dinge, die *nice to have* sind, aber kein absolutes Muss.

Wie war die Stimmung während dem Kürzen?

CL An den Sitzungen hat man die Vorschläge diskutiert und den Stand der Dinge gezeigt. Es war eine offene Kommunikation, das hat Vertrauen geschaffen.

BJ Wir haben auch gegen aussen offen kommuniziert und gesagt: «Wir müssen sparen.» Darum gehen alle Beiträge runter, auch die von assoziierten Gruppen wie dem Singkreis. So war das Verständnis da.

Tag 4 – Im Gespräch
Kirchenrat – Handlungsfähig in die Zukunft

«Man muss heikle Themen anpacken, wenn es einem gut geht.»

Michel Müller ist seit zehn Jahren Kirchenratspräsident der Reformierten Kirche Kanton Zürich. Er arbeitet für die Grundlagen einer Kirche, die auch in Zukunft Wirkung hat. Er ist sich des Mitgliederrückgangs, des drohenden Abbaus finanzieller Sicherheit und des Personalmangels bewusst. Die Herausforderungen lähmen ihn aber nicht. Vielmehr sagt er: «Wir bleiben handlungsfähig!» Wie das geschehen könnte, erzählt er hier.

Tag 4 – Im Gespräch
Kirchenrat – Handlungsfähig in die Zukunft

Was bedeutet für Sie gute Verwalterschaft?

Michel Müller Gute Verwalterschaft heisst, einen weiten Blick zu haben. Das meint: alles, was wir tun, muss verantwortbar und transparent sein. Zudem müssen wir unsere Mittel für unsere Mitglieder – und die weitere Gesellschaft – einsetzen. Wir sehen manchmal zu stark nur das Naheliegende: Geld, Gemeinde, Gebäude. Als Drittes gehört der Blick in die Zukunft dazu. Die Leitung sollte weiterdenken als nur bis zur nächsten Legislatur.

Wie sehen Sie die Kirche 2030?

MM Wir diskutieren im Kirchenrat Szenarien aufgrund des beschleunigten Mitgliederrückgangs. Mit zu berücksichtigen sind die Digitalisierung und die Klimakrise etwa betreffend Mobilität und Renovationen. Möglich wäre ein Ausdünnen des parallellaufenden Service public, also der flächendeckenden, territorial nahen Kirche. Kirche muss nicht geografisch nah, sondern vertraut sein. Dazu kämen stärkere Profilierungen. Das funktioniert, wenn die Mitarbeitenden hinter der Kulisse verstärkt zusammenarbeiten. So kann auch eine kleinere Kirche Wirkung haben.

Was passiert in dieser Kirche mit ärmeren Kirchgemeinden?

MM Das Personal und der Unterhalt der Liegenschaften sind am teuersten. Wenn kleine Gemeinden sagen: «Wir wollen autonom sein – können aber weder Gebäude noch Personal bezahlen», ist das aus meiner Sicht ein Missverhältnis. Es bräuchte auch von ihnen einen Beitrag. Das heisst: Sie müssten einen Teil der Autonomie aufgeben.

Wie könnte das aussehen?

MM Mittelfristig könnte alles Personal kantonal angestellt sein. So wären gewisse Angebote garantiert, beispielsweise Unterricht, Diakonie oder ein Kantorat. Die Personen wählt man weiterhin selber aus. Auch den Umgang mit den Liegenschaften könnte man gemeinsam organisieren: Die Katholiken haben beispielsweise eine Stiftung für ihre Kirchen. Wir könnten ähnlich sagen: Wir garantieren jeder Gemeinde eine oder mehrere Kirchen – je nach Verhältnissen und Aktivitäten – und koordinieren die Renovationen.

Was geschieht mit Gebäuden, die man nicht mehr braucht?

MM Viele Fragen stellen sich je nach Kontext anders und bedingen ein anderes Vorgehen: Ortsbild, Heimat- und Denkmalschutz, Nutzbarkeit, Ökologie usw. Kirchen kosten zudem viel bei eingeschränkten Nutzungsmöglichkeiten und lassen sich nur schwer umnutzen oder verkaufen. Deshalb sollten Gemeinden vermehrt eigene Angebote darin stattfinden lassen. Stattdessen könnten sie das Kirchgemeinde- oder das Pfarrhaus dauervermieten oder im Baurecht abgeben und so Geld generieren. Das wäre ein wirtschaftlicher Ertrag, der weder mitglieder- noch sponsorenabhängig ist. Unsere Liegenschaften sind ein Schatz.

Was bedeuten diese Herausforderungen für das Personal?

MM Pfarrpersonen heute wissen, sie sind keine eierlegende Wollmilchsau. Wir ermutigen sie dazu, Stärken und Vorlieben auszuleben, ergänzend zu den weiteren Mitarbeitenden. Das ist für sie und die Gemeinden motivierend. Diese brauchen dazu aber eine gewisse Grösse.

Der Fachkräftemangel betrifft aber nicht nur die Pfarrpersonen – und auch nicht nur die Kirche. Umso wichtiger ist, dass die Kirchgemeinden mit dem Personal sorgsam umgehen: eine Lohn- und berufliche Entwicklung bieten, eine fördernde Leitungsstruktur, Budget und Freiräume zur Verfügung stellen. Das gehört zur sorgsamen Verwalterschaft.

Tag 4 – Tools und Anwendungen
Einführung

Wie kann unsere Kirchgemeinde mit ihren Ressourcen sorgsam umgehen?

«Schöpfung bewahren, Verantwortung übernehmen, Kosten und Ressourcenverbrauch reduzieren» – So lautet der Slogan für das kirchliche Umweltmanagement mit dem Label «Grüner Güggel». Neben der Bewahrung der Schöpfung gehört ein weitsichtiger Umgang mit Finanzen und Liegenschaften und eine wertschätzende und fördernde Beziehung zu Mitarbeitenden und Mitgliedern zu einem verantwortungsvollen Umgang mit Gütern und Ressourcen. Die Tools und Anwendungen auf den folgenden Seiten fokussieren auf die Felder Finanzen und Liegenschaften sowie Mitarbeitende. Zum Feld der Nachhaltigkeit finden sich hilfreiche Materialien und Checklisten beim Verein «oeku Kirche und Umwelt», mehr zum Thema Mitgliederbeziehung ist unter Tag 2 zu finden.

138   Tag 4 – Anwendung I
      Liegenschaften – 25 Aktivitäten

Wie können wir unsere Kirche unter der Woche mit Leben füllen?

Ziel
Das Potenzial der Kirchenräume soll besser ausgeschöpft werden. Dies kann gelingen, wenn mehr Personen und Gruppen aus dem Dorf/Stadtteil sich für das Kirchengebäude interessieren. So kann die Bevölkerung eine breitere Nutzung der Kirche über das liturgische und kulturelle Angebot hinaus sehen und erleben.

Tag 4 – Anwendung I
Liegenschaften – 25 Aktivitäten

Vorbereitung

Lade folgende Personen zu einer gemeinsamen Erkundung ein: zwei Personen aus der Kirchenpflege, eine Vertretung aus jeder Gruppe der Angestellten und zum Beispiel je eine Person aus der nahegelegenen Schule, dem Altersheim, der politischen Gemeinde, dem Quartierverein, dem Gesangsverein und dem Quartierladen. Stelle die Gruppe so zusammen, wie es dir sinnvoll erscheint.

- Erstelle eine Jahresübersicht, auf der ersichtlich ist, an welchen Tagen (und Zeiten) die Kirche bereits genutzt wird.
- Male auf einem grossen Papier ein Raster von 5×5 Feldern.

Durchführung

Erkläre den Zweck der Zusammenkunft: «Wir wollen erkunden, wie wir unsere Kirche unter der Woche mit Leben füllen können.» Und erläutere, wie ihr vorgeht. Jede Person erhält einige Klebezettel in zwei Farben.

Fordere sie auf zu notieren oder zeichnen, was sie von ihren eigenen bestehenden Aktivitäten in die Kirche verlagern könnten (Farbe 1). Auf die Zettel der anderen Farbe sollen sie zeichnen oder notieren, welche zusätzlichen Aktivitäten sie sich in der Kirche vorstellen könnten und wer diese organisieren könnte.

Nun klebt jede Person ihre Vorschläge auf das Raster und erklärt sie kurz. Keine Idee soll doppelt vorkommen.

Von den 25 unterschiedlichen Ideen für Aktivitäten wählt ihr am Schluss vier aus: zwei kircheninterne, zwei externe, bestehende oder neue. Diese schlagt ihr der Kirchenpflege zur Umsetzung auf Probe vor.

Auswertung

Nach einem halben Jahr schaut ihr zurück:

Was hat funktioniert? Welche Schwierigkeiten sind aufgetaucht? Was führt ihr weiter und was nicht? Gibt es neue Ideen, die man ausprobieren möchte?

Tag 4 – Tool
Personal – Kompetenzstrukturmodell

Welches Profil haben unsere Mitarbeitenden?

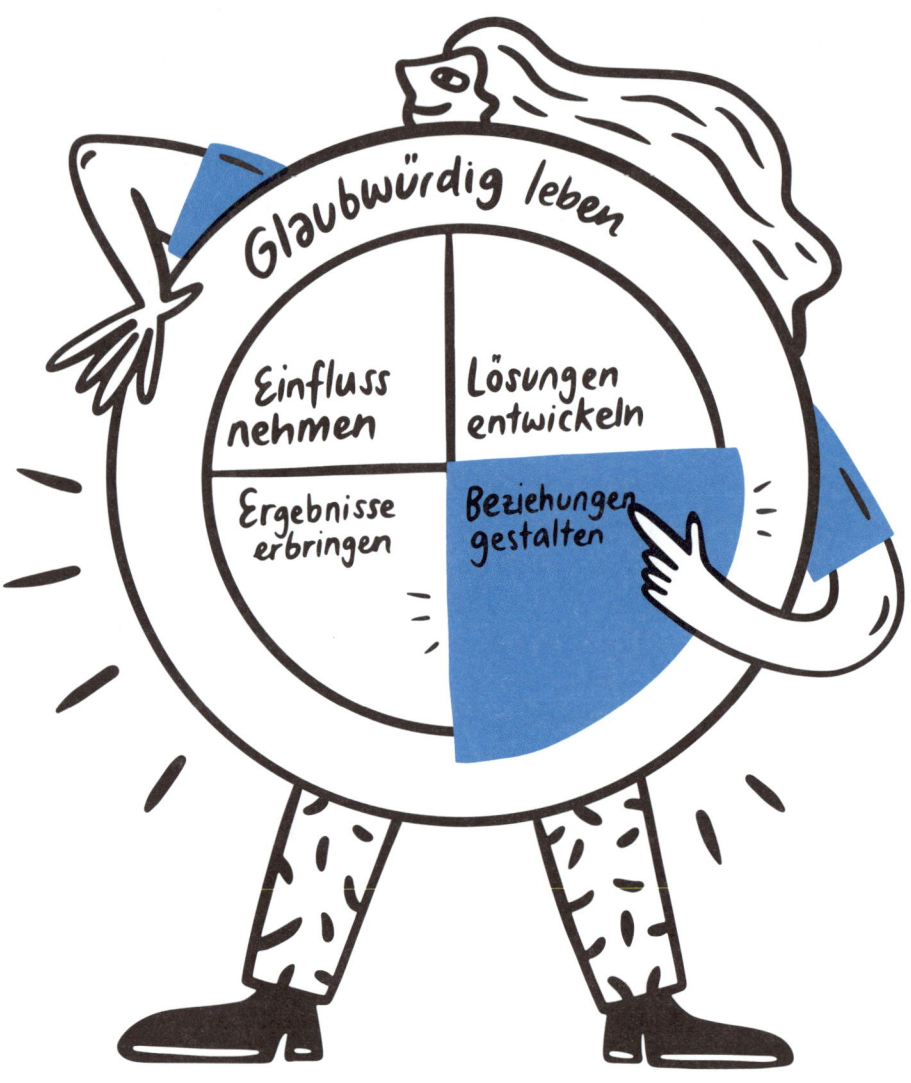

Das Kompetenzstrukturmodell (KSM) für Pfarrpersonen wird seit 2016 in der Aus- und Weiterbildung gewinnbringend eingesetzt. Mittlerweile sind KSM auch für die Berufsgruppen Diakonie, Katechetik, Verwaltung, Sigristenamt, Kirchenmusik, Kirchgemeindeschreiber oder -schreiberin und für die Behörden entstanden.

Tag 4 – Tool
Personal – Kompetenzstrukturmodell

I. Warum Kompetenzstrukturmodelle?

Kompetenzen werden im KSM als Verbindung von Fachwissen, Können und motivationalen Elementen verstanden. Das KSM verbindet dabei überfachliche mit fachlichen Kompetenzen.

Es bildet einen Orientierungsrahmen für das professionelle Handeln im kirchlichen Alltag. Welche Kompetenzen für eine konkrete Funktion vor Ort notwendig sind, muss entsprechend ausgewählt werden.

Das KSM unterstützt die Mitarbeitenden, Entwicklungsschwerpunkte und -ziele zu formulieren. Die Personalverantwortlichen nutzen das KSM für die gezielte Auswahl und Unterstützung von Mitarbeitenden. Insgesamt bietet das KSM einen Bezugsrahmen mit einer gemeinsamen Sprache für die alltägliche kirchliche Arbeit, was die berufsübergreifende Zusammenarbeit erleichtert.

II. Gekürztes Beispiel: Behördenmitglieder

Glaubwürdig Leben

- *Authentizität:* sich im Einklang mit Glauben, Spiritualität und Überzeugung für die Werte und Praxis der reformierten Kirche engagieren
- *Selbstmanagement:* loyal zur reformierten Kirche stehen; mit einem langfristigen Engagement Kontinuität in der Führung sichern

Beziehungen gestalten

- *Beziehungsfähigkeit und Empathie:* die Mitarbeitenden, Mitmenschen und Akteure im Sozialraum (Behörden, NGO, Initiativen, Vereine usw.) ganzheitlich wahrnehmen; ein tragfähiges Beziehungsnetz aufbauen
- *Team- und Konfliktfähigkeit:* Konflikte erkennen und tragfähige Lösungen erarbeiten

Einfluss nehmen

- *Leadership:* Vorbildwirkung leben; mit Begeisterung und Augenmass führen; das Strategische vom Operativen trennen; Entwicklungsschwerpunkte für Mitarbeitende und freiwillig Engagierte setzen
- *Kommunikation, Auftritt, Repräsentation:* gewandt on- und offline kommunizieren

Lösungen entwickeln

- *Strategisches Denken:* das ressortspezifische Wissen und Können sowie das Verständnis der Kirche einsetzen, um die Kirchgemeinde zu entwickeln
- *Lösungsorientierung:* aus dem Bewusstsein für Strukturen, Tradition und dem Bedarf nach Erneuerung im Dialog mit den Anspruchsgruppen langfristige Lösungen für Herausforderungen entwickeln

Ergebnisse erbringen

- *Veränderungsbereitschaft:* Spielräume erkennen und daraus Entwicklungsimpulse geben; begleiten und Ergebnisse sicherstellen
- *Organisationsmanagement:* Ziele systematisch und ressourcengerecht planen; Umsetzung sicherstellen

Tag 4 – Anwendung II
Personal – Gesundheitszirkel

Wie schaffen wir in der Kirchgemeinde ein gesundheitsförderndes Klima?

Tag 4 – Anwendung II
Personal – Gesundheitszirkel

Ziel
Die Kirchgemeinde soll die körperliche, psychische und soziale Gesundheit ihrer Angestellten schützen. Dies gelingt, wenn in der täglichen Arbeit die Belastungen die Ressourcen nicht übersteigen.

Vorbereitung: Einschätzung des Wohlbefindens
Die Kirchenpflege und weitere Leitungspersonen machen eine Einschätzung, wie es um das Wohlbefinden der Mitarbeitenden in der Kirchgemeinde steht: Welchen Belastungen sind sie ausgesetzt? Welche Ressourcen gibt es? Wie viele Krankheitsausfälle gibt es zu verzeichnen?

Durchführung: Relevante Belastungen und Ressourcen benennen
Stellt für den zweiten Schritt eine Gruppe von Mitarbeitenden zusammen, die in mehreren Sitzungen die gewichtigsten Ressourcen und Belastungen vor Ort herausarbeiten. Diese können angesiedelt sein:

- auf der Ebene der Organisation (beispielsweise Handlungsspielraum, interessante Aufgaben, Möglichkeiten zur Mitsprache)
- auf der Ebene des Sozialen (beispielsweise gegenseitige Unterstützung, Wertschätzung, Arbeitsklima, Umgang mit persönlichen Grenzen)
- oder auf der individuellen Ebene (beispielsweise Kompetenzen und Erfahrung, Distanzierungsfähigkeit, Selbstwirksamkeit).

Tag 4 – Anwendung II
Personal – Gesundheitszirkel

Es hat sich gezeigt, dass in Kirchgemeinden häufig folgende Belastungen bestehen:

- fehlendes oder mangelndes Führungsverständnis
- unklare Aufteilung von Aufgaben, Kompetenzen und Verantwortung zwischen Kirchenpflege und Pfarrpersonen sowie diesen und den weiteren Angestellten
- kein lösungsorientierter Umgang mit Konflikten
- ständige Erreichbarkeit der Mitarbeitenden, deren Exponiertheit und Arbeitszeiten am Abend oder Wochenende
- hohe Selbstansprüche und Schwierigkeit abzuschalten
- ungeklärter Umgang mit längerfristigen Absenzen

Auswertung: Massnahmenvorschläge

Die Gruppe arbeitet für die identifizierten Belastungen Vorschläge für Massnahmen aus. Diese sollen die Gesundheit generell stärken sowie die Früherkennung und -intervention verbessern. Häufig funktioniert das unter anderem über eine Stärkung oder Klärung der Führungsstrukturen und über eine gute Kommunikations- und Konfliktkultur, was die Arbeit im Team vereinfacht. →Tag 6

Solche Veränderungen brauchen Zeit und sind nicht mit einem einfachen Massnahmenkatalog umzusetzen. Und doch ist das ein Ort, an dem man starten kann. Darum soll die Kirchenpflege die ausgearbeiteten Vorschläge priorisieren und konkretisieren. Danach geht es an die Umsetzung. Ein halbes Jahr später können sie ein erstes Mal ausgewertet und Vorschläge für die Verbesserung diskutiert werden.

Tag 4 – Anwendung III
Personal – Improvisationstheater

Wie können wir unser soziales Miteinander spielerisch verbessern?

Tag 4 – Anwendung III
Personal – Improvisationstheater

Ziel
Das Team übt im Improvisationstheater Regeln ein, die auch in der täglichen Arbeit zu einem guten Miteinander beitragen.

Vorbereitung
Notiere folgende Regeln gross auf ein Plakat:

① Sage: «Ja, und …», statt «Ja, aber …»
② Sei im Jetzt
③ Sei mutig und experimentiere
④ Folge deiner Intuition
⑤ Nutze deinen Humor – auch wenn du Fehler machst
⑥ Lass die anderen leuchten (Let your partner shine)

Durchführung
Nehmt euch an einer Gesamtretraite Zeit für eine Runde Improvisationstheater in unterschiedlichen Besetzungen. Zuerst stellst du die dazugehörigen Regeln vor. Jede Person überlegt, welche Regel für sie am einfachsten umzusetzen ist und welche die grösste Herausforderung bedeutet.

Danach stellen sich jeweils zwei Personen auf die Bühne. Sie benennen, welche Regel sie besonders herausfordert (im Beispiel unten die Regeln ① und ⑥). Auf diese sollen sie in der kommenden Übung besonders achtgeben. Sie lassen sich vom Publikum ein Stichwort geben, beispielsweise «Raureif».

Die erste Person beginnt: «Lass uns einen Ausflug machen mit dem Zelt! Ich liebe es, am Morgen mit blossen Füssen durch den Raureif zu spazieren.»

Die zweite Person erzählt weiter: «Ja, was für eine tolle Idee! Und lass uns das Waffeleisen mitnehmen, um am Feuer knusprige Waffeln zu backen.»

Die erste Person nimmt den Faden auf: «Das machen wir, denn du bist der beste Waffelbäcker der Welt! Und ich bringe Brombeermarmelade mit als Aufstrich.»

Die beiden erzählen weiter, bis ihnen die guten Ideen ausgehen.

Tag 4 – Anwendung III
Personal – Improvisationstheater

Auswertung

Nach jeder Spielsequenz gibt es eine kurze Selbstreflexion, wie gut es gelungen ist, die für sich herausfordernde Regel umzusetzen. Danach sind die Zuschauenden aufgefordert, ein Feedback zu dieser Frage zu geben. Dabei werden die allgemeinen Feedbackregeln beachtet.

Als nächstes stellen sich zwei andere Personen auf die Bühne und beginnen zu erzählen.

Für Methodenmuffel
Mach jeden Tag einer Person ein ehrlich gemeintes Kompliment!

Tag 5

Partizipation

Einführung
153 Partizipation

Story
157 Junge Erwachsene in der Kirchgemeinde Laufen

Im Gespräch
167 Blau 10 – Ein Coworking Space als Lernort
169 Kloten – Beziehung dank Engagement
171 Wegbegleitung – Selbstwirksamkeit als Schlüssel

Methode Partizipation
173 Einführung
174 Leitung

Anwendung I
176 Rahmenbedingungen

Methode
179 Systemische Schlaufe

Anwendung II
181 Open Space

Anwendung III
184 Soziokratische Entscheidungsfindung

Wie könn
Mensche
mitgestalt

en
 Kirche
en?

☑ Tag 5
　 Tagesziel

　 Die Kirchgemeinde fördert Beteiligung.

○ 　Du weisst, welche Rolle du in deiner Kirchgemeinde übernimmst, wenn alle aufgefordert sind, sich zu beteiligen.
○ 　Du übst dich im Zuhören, in Geduld und Fehlertoleranz.
○ 　Du freust dich über jedes Bedürfnis, aus dem etwas entsteht – und wenn es noch so klein ist.

Tag 5 – Einführung
Partizipation

Partizipation

Menschen haben das Bedürfnis, ihre Umgebung mitzugestalten. Wo dies verhindert wird, droht Abhängigkeit oder Abwendung und Resignation. Deshalb ist Partizipation in der Kirchenentwicklung wichtig: Kirche entsteht durch Menschen – und zwar durch Menschen, die mitgestalten, sodass Kirche mit ihnen zu tun hat. Partizipation kommt von Lateinisch *participare* und bedeutet «teilnehmen lassen, etwas mit jemandem teilen, an etwas teilhaben». Mitgestaltung ist also gegenseitig: teilnehmen lassen und teilnehmen gehören zusammen.

Blickt man in der Geschichte zurück, wurde der Gedanke der Partizipation im Gemeinwesen mit der Erfindung und Verbreitung des Buchdrucks gefördert: Durch gedruckte Bücher vervielfältigten sich die Zugangsmöglichkeiten zu Informationen und Wissen. Der Humanismus und die Reformation wollten zudem Bildung breit zugänglich machen. Je mehr Bildung, Wissen und Information, desto mehr Wille und Möglichkeit zur Mitgestaltung des Gemeinwesens.

Das «Priestertum aller Getauften» als Partizipation

Die Reformatoren haben verstanden: Soll eine Organisation sich ändern, muss dies von innen und aussen gleichzeitig geschehen. So verbanden sich in der Reformation theologische, soziale und politische Prozesse. Das liess sich auch aus der Bibel ableiten: «Ihr aber seid ein auserwähltes Geschlecht, eine königliche Priesterschaft, ein heiliges Volk, [...] damit ihr verkündet die Wohltaten dessen, der euch aus der Finsternis in sein wunderbares Licht gerufen hat» (1Petr 2,9). Da wird eine theologische Aufgabe (Verkündigung, Priestertum, heilig) mit politischen Begriffen (königlich, Volk) verbunden. Dies führte in der Reformation zu einem neuen sozialen Gedanken (alle sind vor Gott gleich).

Das Priestertum aller Getauften ist heute noch zentral: in der demokratischen Struktur der Kirche und der geteilten Kirchenleitung, →Tag 6 im persönlichen Glauben (alle können selber in der Bibel lesen und sind verantwortlich für ihren Glauben) und in der Arbeit mit Freiwilligen.

Tag 5 – Einführung
Partizipation

Die Zürcher Kirche hat mit der neusten Version der Kirchenordnung einen Akzent auf den dritten Bereich des Priestertums aller Getauften gelegt. Sie fördert unterschiedliche Formen kirchlichen Lebens, unterstützt entsprechende Initiativen von Mitgliedern und stellt in angemessenem Umfang Mittel zur Umsetzung zur Verfügung (Art. 155,1). In Anbetracht der Erkenntnis, dass eine Person nur zwei bis drei Milieus erreichen kann, →Tag 2 ist es nicht nur theologisch, sondern auch soziologisch gesehen folgerichtig, Kirche nicht nur mit professionellen Mitarbeitenden zu bauen, sondern auch freiwillige Mitarbeitende miteinzubeziehen.

Freiwillige und Mitarbeitende

Bereits die Reformatoren wiesen darauf hin, dass Pfarrpersonen mit ihrer spezifischen Ausbildung eine wichtige Rolle spielen im Leben der Kirchgemeinden: Sie werden ausgewählt, um die Gemeinde zum Beispiel durch die Auslegung der Bibel im Glauben zu unterstützen und sie so zu befähigen, ihr Priesteramt – und das heisst auch ihre Möglichkeiten zum «Dienst an der Allgemeinheit» – auszuleben.

Darüber, wie sich die moderne Freiwilligenarbeit von der traditionellen unterscheidet, wurde bereits viel geschrieben: Freiwillige wollen heute in einzelnen, zeitlich beschränkten Projekten ihre Fähigkeiten einbringen oder verbessern. Sie wollen mitreden und -entscheiden können und nicht nur ausführen, was bereits bestimmt ist.

Indem sich die Rolle der Freiwilligen verändert, verändert sich auch die Rolle der Angestellten: Sie unterstützen, fördern und begleiten Freiwillige, sie organisieren ihre Einsätze und trainieren sie, damit sie Verantwortung übernehmen können – auch für das «Kerngeschäft» Verkündigung, Seelsorge, Diakonie, Unterricht, Entwicklung und Leitung. Sie entdecken Potenzial und Ressourcen von Menschen, motivieren und begeistern sie und ermöglichen, dass sie sich am kirchlichen und gesellschaftlichen Leben beteiligen, indem sie Möglichkeiten und finanzielle Ressourcen dafür schaffen. Sie behalten den Überblick

Tag 5 – Einführung
Partizipation

und stellen sicher, dass das gemeinsame Ziel, die gemeinsame Warum-Erklärung, nicht aus den Augen verloren wird. →Tag 1 Die Mitarbeitenden werden so zu Ermöglichern und Ermöglicherinnen: Sie haben die Chance, andere Menschen zu ermächtigen und sie und ihre Kompetenzen für die gemeinsame Aufgabe leuchten zu lassen. →Tag 4

Vertrauen und transparente Kommunikation

Die verschiedenen Stories in diesem Kapitel zeigen, was es für diesen Rollenwechsel braucht: das Vertrauen darauf, dass andere es gut machen, und das klare Kommunizieren der Rahmenbedingungen. Die *Story* aus Laufen am Rheinfall zeigt Ersteres anhand von kirchlichem Engagement junger Erwachsener auf. *Im Gespräch* mit Mathias Burri vom Coworking Space Blau10 in Zürich wird deutlich, wie wichtig die Kommunikation ist.

Ausserdem erzählt Claudia Hungerbühler aus Kloten von partizipativen Gestaltungsprozessen im kirchlichen Aussenraum und Rémy Beusch aus Uster teilt seine Erfahrung, wie Menschen in Aufgaben hereinwachsen können, wenn es ihnen zugetraut wird. Die Entwicklung und Prägung des neuen kirchlichen Raums «Lokal17» in Neerach zeigt dann als *Idee zum Selbermachen* einen ähnlichen Prozess: Er entstand aufgrund einer Bedürfnisabklärung bei Schlüsselpersonen. Die zweite *Idee zum Selbermachen* erzählt vom Entstehen eines niederschwelligen Gottesdiensts aufgrund einer hohen Sensibilität für Bedürfnisse auch ohne strukturierten Prozess.

Die *Methoden* stellen die partizipative Arbeit und das dazugehörige Rollenverständnis näher vor. Vertrauen als neue Tugend und Kommunikation über die Rahmenbedingungen sind auch dort Schlüsselbegriffe. In den Anwendungen werden zwei Vorgehensweisen des partizipativen Arbeitens vorgestellt: Open-space-Veranstaltungen und das Konsent-Prinzip zur Entscheidungsfindung.

Tag 5 – Story
Junge Erwachsene in der Kirchgemeinde Laufen

«Zäme» geht es einfacher

«Es wäre so schön, wenn in der Kirche junge Menschen Verantwortung übernehmen würden.» Dieser Traum ist mancherorts Realität. Warum in Laufen?

Tag 5 – Story
Junge Erwachsene in der Kirchgemeinde Laufen

In der Kirchgemeinde Laufen am Rheinfall entscheiden junge Menschen mit: Als «Zäment-Team» prägen sie die Arbeit mit Kindern, die Jugendkirchen-Anlässe, den Konfirmationsunterricht und Gottesdienste mit. Im «First» gestalten sie eigene Anlässe für junge Erwachsene nach der Konfirmation. Und vor drei Jahren wurden zwei Personen unter dreissig in die Kirchenpflege gewählt. Partizipation ist für die jungen Menschen aber keine Eigenbezeichnung, sondern sie sagen: «So beschreiben andere, was für uns normal ist.» Wie kommt es, dass in Laufen etwas funktioniert, was andernorts schwierig ist?

Wer vertraut wem?

Woher die Motivation kommt für das, was in Laufen passiert, wird im Gespräch mit Bettina Bart (Kirchenpflegerin), Sophie Wernli (Co-Leiterin Zäment-Team) und Claude Meier (Jungleiter) schnell klar. «Es sind einfach coole Leute!», sagt Sophie Wernli. «Die Gemeinschaft steht im Vordergrund», bestätigt Bettina Bart. Und Claude Meier, der 17-Jährige, ergänzt: «Nirgends sonst bin ich in einem Team mit Menschen so unterschiedlichen Alters. Aber das Alter ist vollkommen egal. Alle werden ernst genommen!» Freude an der Gemeinschaft und Spass an dem, was sie tun, sind eine wichtige Motivation für die jungen Leute. Dies zeigt sich auch im Namen, den sich das Team gegeben hat: «Zäment» ist ein Kunstwort aus «zäme» (zusammen) und Zement, der auf die Festigkeit der Gemeinschaft hinweist.

Eine weitere Motivation ist Dankbarkeit. «Ich habe in der Kirche als Kind viel erlebt. Nun möchte ich gern etwas zurückgeben und den jetzigen Kindern weitergeben, was ich erfahren habe», so Claude Meier. Er ist in die Arbeit «reingerutscht», wie er sagt. Er kann sich selber nicht erklären, wie das passiert ist. Es habe wohl damit zu tun, dass ihn die Kirche immer wieder überraschte: «Im Konflager konnte ich die Verantwortung für einen Block übernehmen. Mir wird etwas zugetraut, auch wenn ich es noch nie gemacht habe. Aber ich muss nicht alles können. Und ich muss mich auch nicht überall einsetzen. Man wird immer gefragt und ich kann sagen, ob mich das interessiert oder nicht.»

Tag 5 – Story
Junge Erwachsene in der Kirchgemeinde Laufen

Tag 5 – Story
Junge Erwachsene in der Kirchgemeinde Laufen

Dies ist die dritte Motivation, welche die drei jungen Menschen nennen: Sie können in ihrer Kirchgemeinde selbstständig Ideen einbringen, etwas aufgleisen und bewirken – im Wissen darum, dass sie unterstützt werden, wenn dies nötig ist. Die jungen Erwachsenen haben das Vertrauen der Kirchenpflege und der Mitarbeitenden. Viel wichtiger aber, so zeigt das Gespräch mit ihnen, ist das Vertrauen, das die jungen Erwachsenen in die Kirchgemeinde haben. «Die Kirchgemeinde musste sich unser Vertrauen zuerst verdienen», sagt Sophie Wernli, und es wird klar, dass sie sich nur dann gern einbringt, wenn sie weiss, dass es die Kirchgemeinde mit Partizipation ernst meint.

Das Team als Grundlage

«Ohne Team wären wir nichts», sagt Bettina Bart. Sie hat bereits über fünfzehn Jahre Erfahrung im Leiten von Angeboten für Kinder, Jugendliche und junge Erwachsene. «Wenn das Team stimmt, kann man immer noch einen Kampf mehr ausfechten.» Seit die Kirchgemeinde den Fokus verstärkt auf junge Erwachsene gerichtet hat, gab es nicht nur sonnige Tage: Verschiedene Wechsel im Pfarrteam haben gezeigt, wie wichtig die gute Beziehung zu den Mitarbeitenden ist. Sind diese bereit, Zeit und Engagement für die Arbeit mit den Jugendlichen zu verwenden, klappt es gut: Bei den jetzt zuständigen Pfarrpersonen ist dies gegeben. Sie sind Teil des Teams, nehmen an den monatlichen Treffen teil und sind im Gruppenchat mit dabei. Die jungen Erwachsenen freuen sich über die flachen Hierarchien: Es machen nicht alle alles, doch es gibt auch keine starre oder festgeschriebene Struktur. Die Pfarrpersonen werden geschätzt für ihr theologisches Wissen und ihre leitenden Impulse bei Gottesdiensten oder der Konfirmandenarbeit. Claude Meier betätigt sich im Bereich Fotografie und Video oder bringt Ideen aus dem Sport mit ein. Bettina Bart macht den Link zur Kirchenpflege und ist so etwas wie die «Know-how-Bibliothek», auf die man zurückgreifen darf. Und Sophie Wernli ist die motivierte und motivierende Leiterin, die für diese Aufgabe sogar von Bern nach Laufen pendelt.

Tag 5 – Story
Junge Erwachsene in der Kirchgemeinde Laufen

Die Gaben der Einzelnen

Je nachdem, welche Gaben oder Charismen eine Person hat, kann sie im Team diese oder jene Aufgabe erfüllen. Was die knapp zwanzig jungen Erwachsenen im Zäment-Team in Laufen leben, entspricht der Idee von Paulus, von der in einem seiner Briefe zu lesen ist. Die Gemeinde in Korinth hatte sich verstrickt in Streitereien darüber, welches Charisma am wichtigsten sei: zu erkennen, was Gottes Wille ist, besonders stark im Glauben zu sein, heilen zu können? Oder doch eher unterscheiden zu

können, was von Gott kommt und was nicht? Paulus' Antwort auf die Streitereien ist einfach: Jede einzelne dieser Gaben ist wichtig, denn jede einzelne kommt aus Gottes Geist. Ihre Kraft kann sie aber erst entfalten, wenn sie zusammen mit allen anderen Gaben zum Tragen kommt. Er greift auf das Bild des Körpers zurück: Dieser besteht aus vielen Einzelteilen, die allein für sich genommen nichts bewirken können. Aber Hand, Kopf, Auge, Mund, Ohr, Fuss und weitere Glieder zusammen ergeben einen wirkungsvollen Organismus (1Kor 12,1–31).

Tag 5 – Story
Junge Erwachsene in der Kirchgemeinde Laufen

«Learning by Doing» und «Enabling»

Mit dem Gedanken des «Priestertums aller Getauften» erhielt das Verständnis des Engagements jeder Einzelperson in der Reformation einen weiteren theologischen Ausdruck: Die Gläubigen sind für ihren persönlichen Glauben und ihr persönliches Heil nicht mehr auf einen Priester angewiesen, der zwischen ihnen und Gott vermittelt. Alle Glaubenden sind vielmehr selbst im direkten Kontakt mit Gott und werden ohne ihr Zutun oder Zahlungen allein durch Gottes Gnade gerettet («Rechtfertigung»). Ihr Leben wird dadurch verändert und erneuert. Durch die geschenkte Gnade nehmen sie eine Haltung an, in der sie mehr und mehr so leben, wie es Gott gefällt («Heiligung»). Die Glaubenden unterstützen einander dabei.

Versteht man Kirchgemeinde so, erhalten Pfarrpersonen eine spezifische Funktion: Sie haben die Chance andere Menschen in ihrem Glauben zu ermutigen, zu fördern, zu unterstützen und zu befähigen, damit diese ihr «Priestertum» ausüben können.

In Laufen werden darum die beiden zuständigen Pfarrpersonen in die Ausbildung der jungen Leitenden miteinbezogen. Sie geben den Mitgliedern des Zäment-Teams die Möglichkeit, bei einzelnen Anlässen oder Lagern mitzuarbeiten und so ihre Leitungsfähigkeiten, aber auch ihre Sprachfähigkeit in Bezug auf den Glauben zu verbessern. Sie sind Ansprechpersonen, die da sind, wenn jemand Unterstützung braucht – und auch, wenn jemand «einen Seich» gemacht hat, wie Bettina Bart es formuliert. Diese Unterstützungs- und Beratungsrolle haben in Laufen nicht nur die Pfarrpersonen. Auch die jungen Mitglieder der Kirchenpflege oder ehemalige erfahrene Leitende übernehmen sie. Dies ermöglicht es dem jungen Zäment-Team, seine Aufgaben wahrzunehmen – und aus Erfahrungen und Fehlern zu lernen. «Wenn man's nie probiert, kommt man nirgends hin», meint der jüngste Gesprächsteilnehmer zu diesem Thema nur.

Tag 5 – Story
Junge Erwachsene in der Kirchgemeinde Laufen

Überraschende Kirche im 21. Jahrhundert

Kirche ist immer mitgeprägt vom gesellschaftlichen Umfeld, in dem sie sich befindet. →Tag 2 Den jungen Menschen in Laufen ist dies bewusst. «Ist das, was ihr da tut, Kirche?», fragen hin und wieder ältere Kirchenmitglieder, wenn sie von einer Aktivität des «First» hören. Statt Gottesdienst gibt es da zum Beispiel einen Ausflug in die Paintball-Arena. «Dass dies Anlass zu Diskussionen gibt, finden wir gut», sagt Bettina Bart. «Wir müssen darüber reden, wie Kirche im 21. Jahrhundert aussieht.»

Wichtig ist sowohl bei den Anlässen als auch im Team, dass der Glaube kein Ausschlusskriterium ist. «Egal wie stark oder schwach der Glaube von jemandem ist, man hat Platz bei uns!», sagt Sophie Wernli. Bei ihr, aber auch bei Claude Meier und Bettina Bart ist der Glaube kein vordergründiges Thema, sondern implizit mit dem alltäglichen Leben verknüpft. «Mein Einsatz bei den Klimaaktivisten hat schon etwas mit dem Glauben und der Kirche zu tun», sagt Sophie Wernli, «aber ich muss das nicht immer so sagen.» Auch für Claude Meier und Bettina Bart hat der Glaube sehr viel mit den Werten, die sie in ihrem Alltag leben, und mit ihrem Einsatz für und mit anderen zu tun. «Dass wir das bei der Kirche ausleben können und damit auch das Bild von Kirche verändern, das finde ich super!», fasst Claude Meier seine Haltung zusammen. Darin findet sich die Überraschung wieder, dass Kirche anders sein kann, als man denkt. Werden so unterschiedliche Menschen in die Gestaltung der Kirche mit einbezogen wie in Laufen, wird dieser Überraschungseffekt noch oft eintreten!

Gottesdienst mit «Teilete»

Was passiert, wenn ein Garten brachliegt und zugleich das Bedürfnis nach einem niederschwelligen Treffpunkt und Möglichkeit zur Gemeinschaftspflege geäussert wird? Daniel Wartenweiler (Sozialdiakon) und Pia Fisler (Sozialdiakonin) aus Effretikon haben die Ressource mit dem Bedürfnis verbunden: Sie starteten mit einer Gruppe von Menschen mit Migrationshintergrund, psychischer Beeinträchtigung und Freiwilligen den «Treffpunkt Garten». Sie arbeiten gemeinsam einmal in der Woche im Garten, pflanzen Blumen, Kräuter und Gemüse, hegen, pflegen und ernten. Daneben bleibt Zeit für Kaffee, Kuchen und Gespräche. → Bilder Tag 3

Im ersten Sommer lud die Gruppe ein zu Gartenfesten: Salat und Gemüse kamen aus dem Garten. Die Teilnehmenden brachten Fleisch und weitere Beilagen mit. Bis spät am Abend wurde gegessen, geredet und getanzt. 40–50 Personen nahmen an den Festen jeweils teil. Gerne sangen die einen dann auch christliche Lieder – das gab Anlass zu Diskussionen, denn in der öffentlichen Ausschreibung war neutral von «Fest» die Rede.

Damit die Feste für Menschen aus allen Kulturen offenblieben, entstand kurzerhand ein neues Format: der Hagi21-Gottesdienst. Er findet einmal im Monat am Freitagabend im Garten statt. Im Winter wechseln die Feiernden ins Haus neben dem Garten an der Hagenacherstrasse 21. Es kommen Menschen, die im Garten mitarbeiten und andere, die am Rand der Gesellschaft stehen. Gut 30 Personen sind bei den Gottesdiensten anwesend und geniessen die Gemeinschaft.

Der Ablauf des Gottesdienstes ist einfach: Alle tragen etwas zum Essen bei. So entsteht eine internationale «Teilete» und auch das ist Partizipation. Ein kurzes Theater bettet eine biblische Geschichte ein und ab und zu gestaltet jemand der Teilnehmenden dieses mit. In kleinen Gruppen am Tisch wird zwischen dem Hauptgang und dem Dessert über das Gesehene diskutiert. Zwischendurch werden zwei, drei Lieder gesungen. Das Essen endet mit einem Gebet mit Kerzenritual – und einem leckeren Dessertbuffet.

Ein Kirchenraum im Einkaufszentrum

Jahrelang fühlten die Neeracher und Neeracherinnen eine gewisse Distanz zu ihrer Kirchgemeinde Steinmaur-Neerach: alle kirchlichen Gebäude standen in Steinmaur auf der anderen Seite des Hügels und damit fand auch fast das gesamte kirchgemeindliche Leben dort statt. Das wollte man nicht hinnehmen. «Wir müssen zu den Menschen», sagte Manuela Siegle (Kirchenpflegerin). «Es braucht ein Herz für die Menschen, für das Dorf, für Veränderung — und es braucht Gott, der Türen öffnet.»

Tatsächlich öffnete sich die Tür zu einem leerstehenden Gewerberaum im Riedpark, dem kleinen Einkaufszentrum in Neerach. Nach einer Mietzinsreduktion wurde der Raum erschwinglich. «Wir wussten: Da müssen wir hin», sagt Barbara Leuthold (Kirchenpflegerin). «Einen besseren Platz hätten wir uns nicht wünschen können: direkt zwischen Kiosk und Volg», sagt Miriam Zürcher (Sozialdiakonin), die mit Philipp Rüdiger (Sozialdiakon) die Hauptverantwortung für das «Lokal17» trägt.

Im Lokal nur eigene Ideen umsetzen, wollte das Team nicht: Die Leute aus dem Dorf sollten mitreden. Darum führten sie Interviews mit Schlüsselpersonen aus Vereinen, der Schule, der Verwaltung, dem lokalen Gewerbe und Alteingesessenen. Eine Frage lautete: «Wären Sie bereit mitzuhelfen?» – «Wir haben so zwar keine Freiwilligen gewonnen», gibt Philipp Rüdiger zu, «aber wir haben Offenheit signalisiert. Und wir erhielten viele Inputs zur Gestaltung des Raums.»

Aus den Gesprächen wurde deutlich: Es braucht einen schönen multifunktionalen Raum für Begegnung. Dieser wurde mithilfe vieler Freiwilliger realisiert. «Jetzt probieren wir aus, was klappt», sagt Miriam Zürcher. So ist das neue Lokal an vier Tagen in der Woche im Loungebetrieb geöffnet, um unkomplizierte Begegnungen im Dorf bei einer Tasse Kaffee oder beim Stöbern in der Bibliotheksecke zu ermöglichen. Daneben gibt es «ladiesONLY Zmorge», Bibelkreis, «English Movie Nights» und Gottesdienststreamings. Zudem bieten Menschen aus Neerach Computerkurse für ältere Menschen oder Coworking an. Die Freude am Ausprobieren ist beim Team spürbar: «Wir haben viele positive Reaktionen aus dem Dorf erhalten.»

Tag 5 – Im Gespräch
Blau 10 – Ein Coworking Space als Lernort

«Partizipation ist wie ein Tanz: Man dreht sich im Kreis – und bewegt sich doch.»

Vor vier Jahren öffnete der Coworking Space Blau10 im Erdgeschoss der Abteilung Kirchenentwicklung der Zürcher Landeskirche seine Türen. Soziale und kirchliche Unternehmerinnen und Unternehmer finden einen Arbeitsplatz und eine inspirierende Gemeinschaft. Gemeinsam sind sie auf der Suche nach den wesentlichen Fragestellungen, kreativen Lösungen und gegenseitigen Synergien zur positiven Veränderung von Welt und Kirche. Mathias Burri (Teamleiter) gibt Auskunft.

Tag 5 – Im Gespräch
Blau 10 – Ein Coworking Space als Lernort

Die Vision vom Blau10 betont die gemeinsame Suche. Leben Sie so Partizipation?

Mathias Burri Die Vision zeigt unser Selbstverständnis: Wir verstehen Blau10 als Gewächshaus. Wir als Kirche haben es bezahlt. Wir schauen, dass es Wasser hat und die Scheiben intakt sind. Nun suchen wir Menschen, die an den gleichen Themen arbeiten wie wir als Kirche. Das sind unsere «Gemüsesorten», beispielsweise Organisationsentwicklung, Migration, Digitalisierung, Spiritualität, Nachhaltigkeit oder soziale Innovation. Wer mit uns diese Gemüse züchten will, kommt rein. Gemeinsam arbeiten wir Schulter an Schulter und staunen, wie das Gemüse sich entwickelt.

Mit dem Bild des Gewächshauses geben Sie also bestimmte Rahmenbedingungen vor.

MB Genau. Wir haben oft diskutiert, was für eine Art Partizipation wir leben wollen. Wir als Kirche bestimmen vieles: Wir zahlen die Räumlichkeiten, entscheiden über die Preise und sagen, wer Teil der Community werden darf. Ist das Partizipation? Das Bild des Gewächshauses hat uns geholfen: Wir geben als Kirche den Rahmen vor. Innerhalb des Gewächshauses pflanzen, giessen, jäten und ernten wir gemeinsam.

Wo zeigt sich die gemeinsame Verantwortung?

MB Unsere zeitlichen Ressourcen als Team sind begrenzt. Das ist gut so, denn dadurch sind wir auf die Mitarbeit aller angewiesen. Darum haben wir Rollen für die Community definiert: Gastgeberin, Coach, Mitentwicklerin der Strategie oder Mitarbeiter bei Events. Wer mitarbeitet, hat einen günstigeren Mietpreis. Das funktioniert sehr gut und gibt allen eine Mitverantwortung für das Leben und Weiterentwickeln des Blau10.

Gibt es Rollen, die das Team nicht abgeben kann?

MB Wir als Blau10-Team moderieren den Coworking Space. Wir haben den Überblick, haben Zeit zum Zuhören und bilden die Brücke zur Kirche. Wir sind zudem verantwortlich für die Infrastruktur, Finanzen und Prozesse. Herausfordernd ist für uns, die Rolle für Social Media abzugeben. Da müssen wir zuerst unsere Kommunikations-Strategie schärfen, erst dann ist das vielleicht möglich.

Wo fordert Sie als Teamleiter das partizipative Arbeiten heraus?

MB Es ist ein Balanceakt: Einerseits habe ich eine Vision und Ideen für die Entwicklung. Anderseits muss ich mich spiegeln und korrigieren lassen, muss gut zuhören, die Leute auf den Weg mitnehmen – und manchmal entscheiden. Partizipation ist wie ein Tanz: Du drehst dich, aber nicht nur im Kreis, sondern gemeinsam drehend weiter. Mir helfen dabei zwei Einsichten aus der Soziokratie: Mit Rollen arbeiten, die auch mal verändert werden können. Und die Konsent-Orientierung: Du kannst einen Vorschlag machen und schauen, ob der Entscheid von der Community mitgetragen wird. → Methoden

Können Sie es empfehlen einen Coworking Space zu gründen?

MB Absolut. Es ist ein faszinierender Ansatz kirchlicher Aktivität. Es wird ein Raum eröffnet, in dem Menschen gemeinsam arbeiten, Leben teilen und sich vernetzen. Dabei wird auf ein Bedürfnis nach flexiblen, preiswerten und nahegelegenen Arbeitsplätzen reagiert. Es geht um eine Erweiterung der Perspektive: Wenn kirchliche Angestellte im gleichen Raum arbeiten wie andere Menschen aus dem Sozialraum, ist das kulturverändernd, erfrischend und inspirierend.

Tag 5 – Im Gespräch
Kloten – Beziehung dank Engagement

«Als Leiterin moderiere ich einen Prozess, in dem gemeinsam etwas entsteht.»

Rund um die Kirche ist in Kloten der «Freiraum Familie» entstanden. Er ist ein Begegnungsort mit Grünflächen, einem Naturspielplatz und ansprechenden Innen- und Aussenräumen. Der Spielplatz, die Jurte, die als Café dient, und der Name «Freiraum Familie» wurden in partizipativen Prozessen erarbeitet. Corina Hungerbühler (Katechetin mit besonderen Aufgaben) machen diese Prozesse Spass, darum steht bereits der nächste an.

Tag 5 – Im Gespräch
Kloten – Beziehung dank Engagement

Warum entstand der «Freiraum Familie»?

Corina Hungerbühler Wir hatten für Familien kein Angebot. Die Kinder kamen in den Unterricht und den Kolibri, aber mit den Eltern hatten wir kaum Kontakt. Diese Beziehung wollten wir aufnehmen und vertiefen. Wir möchten Kirche im Alltag mit Familien sein. Von verschiedenen Familien haben wir gehört, dass im Zentrum von Kloten ein attraktiver Spielplatz fehlt. Die Stadt hat uns ein Nutzungsrecht übertragen und wir konnten vor vier Jahren den Spielplatz realisieren. Ich finde es toll, dass der Platz nun so belebt ist.

Wie haben Sie die Familien in die Gestaltung des Spielplatzes einbezogen?

CH Wir haben Spielplatz-Bauende gesucht, die partizipativ arbeiten. Mit ihnen luden wir Familien zu einem Werkstatt-Morgen ein: Wir haben das Areal angeschaut, eine Gedankenreise gemacht und Modelle gebaut. Aus den Bedürfnissen und Ideen haben die Profis dann den Plan für den Spielplatz erarbeitet.

Bei der Umsetzung konnten Eltern, Kinder und Interessierte an zwei Tagen mitbauen. Jedes Jahr machen wir zudem eine Auffrischung des Spielplatzes und der Umgebung. Wir müssen zum Beispiel den Sand auffüllen oder den Barfussweg instand stellen. Dabei beziehen wir die Familien mit ein.

Was bringt ein solcher Prozess?

CH Wir glauben daran, dass es etwas ausmacht, ob man etwas mit Menschen zusammen aufbaut. Auf dem Spielplatz ist zum Beispiel einfach eine gute Energie! Wir haben auch wirklich wenig, das kaputt gemacht wird. Die Identifikation ist gross. Dank dem «Freiraum Familie» interessieren sich Menschen für die Kirchgemeinde, die man vorher nie gesehen hat. Die Kirchgemeinde ist insgesamt lebendiger geworden. Und bei Familien hat sich das Kirchenbild verändert. Auch bei städtischen Stellen werden wir stärker wahrgenommen: bei der Jugendarbeit oder im Bereich der Migrationsarbeit.

Wie geht es nun weiter?

CH Wir planen ein nächstes partizipatives Projekt: den Gemüse- und Kräutergarten. Schon lange haben wir eine Miniversion davon, nun wollen wir einen grösseren Generationengarten starten. Es soll gelebte Bewahrung der Schöpfung sein. Wir haben dazu das Konzept der Permakultur gewählt. Ich lese mich gerade etwas ein und mache bei einem Gemeinschaftsgarten mit, der so bewirtschaftet wird. Expertin werde ich so nicht. Aber ich habe die Erfahrung gemacht, dass es gar nicht schlecht ist, wenn die Leitungsperson nicht gleichzeitig Expertin ist. Als Leiterin ist es meine Aufgabe zu moderieren und nicht, den Prozess dahin zu steuern, wo ich hinwill. Wenn ich Expertin bin, fällt es mir auch schwerer, Verantwortung abzugeben. Durch die Partizipation kommt dann aber in der Gruppe genug Fachwissen zusammen, das ist toll! So können wir gemeinsam etwas entstehen lassen – auch wenn es nicht perfekt wird.

Tag 5 – Im Gespräch
Wegbegleitung – Selbstwirksamkeit als Schlüssel

«Leute, die Hilfe bekommen, lade ich bald ein, selber mitzuhelfen.»

Rémy Beusch (Sozialdiakon) arbeitet seit mehreren Jahrzehnten konsequent partizipativ: erst in der Jugendarbeit, danach mit Kindern und später auch mit Menschen, die am Rand der Gesellschaft stehen. Er möchte allen vermitteln: Du kannst mitgestalten, kannst dich einbringen und mithelfen. So werden beispielsweise in der Wegbegleitung in Uster, einem Projekt, in dem Freiwillige Menschen in schwierigen Lebenssituationen begleiten, viele Begleitete bald selber zu Begleitenden oder organisieren Hilfe für sich und andere.

Tag 5 – Im Gespräch
Wegbegleitung – Selbstwirksamkeit als Schlüssel

Was bedeutet für Sie Partizipation?

Rémy Beusch Ich teile gern meine Arbeit mit anderen – und zwar aus der Überzeugung, dass man viel weiter kommt so. Das habe ich in der Jugendarbeit gelernt und es dann auf die Arbeit mit Kindern übertragen. Mittlerweile arbeite ich auch in der sozialen Arbeit so. Es hat sich bewährt.

Haben Sie dadurch weniger zu tun?

RB Nein, denn ich werde zwar vielleicht in der direkten Aufgabe teilweise ersetzt oder gar überflüssig. Jedoch nimmt gleichzeitig die Anzahl Menschen zu, die mitarbeiten wollen. Darum kompensiert sich das Weniger an Arbeit durch ein Mehr an Beziehungen und Begleitungen. Aber darum geht es gar nicht. Es geht nicht um meine Arbeit, meine Stelle und meine Stellenprozente. Sondern es geht um die Frage: Wie kann die Kirche am effizientesten möglichst viele verschiedene Menschen erreichen?

Wie verändert Partizipation die Menschen?

RB Kinder und Jugendliche können sich so als selbstwirksam wahrnehmen und wichtige Entwicklungsschritte machen. Das ist ein pädagogischer Ansatz. In der Sozialbegleitung von Menschen geht es auch um ihre Würde: Sie sind nicht nur Hilfsempfangende, sondern werden Beteiligte. Sie nehmen ihr Schicksal selber in die Hand und können auch anderen Menschen helfen. So fassen sie in der Krise neues Vertrauen und schöpfen frischen Lebensmut.

Erleben Sie das in der Wegbegleitung?

RB Ja. Neben Begleitenden, die mit beiden Beinen auf dem Boden stehen, gibt es die, die aus dem Gleichgewicht gebracht worden sind. Gerade sie haben aber etwas Besonderes beizutragen.

Heute Morgen habe ich per Zufall einen jungen Mann getroffen, der vor fünf Jahren aus dem Iran in die Schweiz geflohen ist. Er hat schwere Depressionen und müsste wegen einem abgewiesenen Asylgesuch die Schweiz verlassen. Nun hat er mir gesagt: «Du hast mir gezeigt, dass ich auch helfen kann.» Er gibt für neuankommende, farsi sprechende Flüchtlinge Deutschunterricht. Dies habe ihm geholfen, aus seiner Depression herauszukommen.

Was sind die Herausforderungen, wenn man partizipativ arbeitet?

RB Es braucht Menschen, die bereit sind, ihre Aufgaben mit anderen zu teilen und Kontrolle abzugeben. Zudem braucht es Menschen, die vor Ort sind und Zeit haben. Eine falsch verstandene Professionalität kann ein Hindernis sein, wenn sie Distanz schafft zu den Menschen.

Ich spüre immer wieder, dass es bei vielen Leuten ganz viel Lust am Mitgestalten gäbe: beispielsweise bei der Klimajugend. Und ja, dann wollen sie nicht nur den kleinen Finger, sondern die ganze Hand. Man hat sie dann aber auch an der Hand und sie helfen mit.

Es wäre eigentlich einfach, Beziehungen zu nutzen, indem man sich für Anliegen anderer interessiert, denn dann interessieren sie sich auch für meine. Wir brauchen dafür eine Achtsamkeit den Menschen gegenüber: zuhören, hinschauen, Zeit haben.

Tag 5 – Methode
Einführung

Partizipation

Partizipieren bedeutet teilhaben und mitbestimmen. Damit jemand dies kann, muss jemand anderer es ermöglichen. Von Letzteren braucht es Zugeständnisse, dass andere mitreden und mitgestalten, von Ersteren das Interesse und die Motivation für die Mitgestaltung. Am ausgeprägtesten sind Interesse und Motivation, wenn jemand von Entscheidungen oder Aktivitäten direkt betroffen ist.

Tag 5 – Methode
Partizipation – Leitung

Wie gestaltet man gemeinsam?

Seit der Mitte des 19. Jahrhunderts kennen die reformierten Kirchen in der Schweiz mit den demokratisch gewählten Synoden, den Behörden und den Gemeindeversammlungen eine breit abgestützte Form von Mitbestimmung: Betroffene Personen wirken ehrenamtlich neben den angestellten Personen am Geschick der Kirchgemeinde mit und fällen Entscheidungen.

Wenn heute von Partizipation in der Kirche gesprochen wird, ist meist die Mitwirkung von Mitgliedern oder interessierten Personen bei strategischen Prozessen oder operativen Aufgaben im Blick.

Tag 5 – Methode
Partizipation – Leitung

I. Partizipationsstufen

Der Grad der Mitwirkung kann sehr unterschiedlich sein. Dies lässt sich in einem Stufenmodell darstellen, das von der Instrumentalisierung (keine Partizipation) bis zur Selbstorganisation (über die Partizipation hinausgehend) reicht. Das Einbringen eigener Wünsche oder Bedürfnisse →Methoden Tag 2 und 3 ist eine Vorstufe von Partizipation. Echte Teilnahme ist dann möglich, wenn bei Entscheidungen mitbestimmt werden kann. → Stufen 6–8

II. Die Rolle der Entscheidungstragenden

Die bisherigen Entscheidungstragenden wechseln die Rolle: vom Chef, von der Chefin werden sie zu Moderatoren und Coachs. So haben sie die Chance, andere Menschen zur Teilnahme zu befähigen. Sie geben dazu mit dem Rollenwechsel einen Teil ihrer Entscheidungsmacht an sie weiter. Dies bedingt eine Leitungshaltung, dank der Menschen ohne eine Anstellung mitgestalten können. → Methode Tag 6

Für diese Haltung sind Tugenden nötig:

① *Neugierde*: sich für die Bedürfnisse der Betroffenen interessieren und ihre Potenziale entdecken
② *Geduld*: partizipative Prozesse sind langsam
③ *Offenheit* und *Flexibilität:* andere Menschen denken anders – dadurch ist vieles nicht voraussehbar
④ *Mut* und *Fehlertoleranz:* die Wahrscheinlichkeit, dass auch einmal etwas schiefläuft, ist gross
⑤ *Vertrauen*: in die Menschen und in die Präsenz des Heiligen Geistes

Tag 5 – Anwendung I
Partizipation – Rahmenbedingungen

Wie gelingt ein partizipativer Prozess?

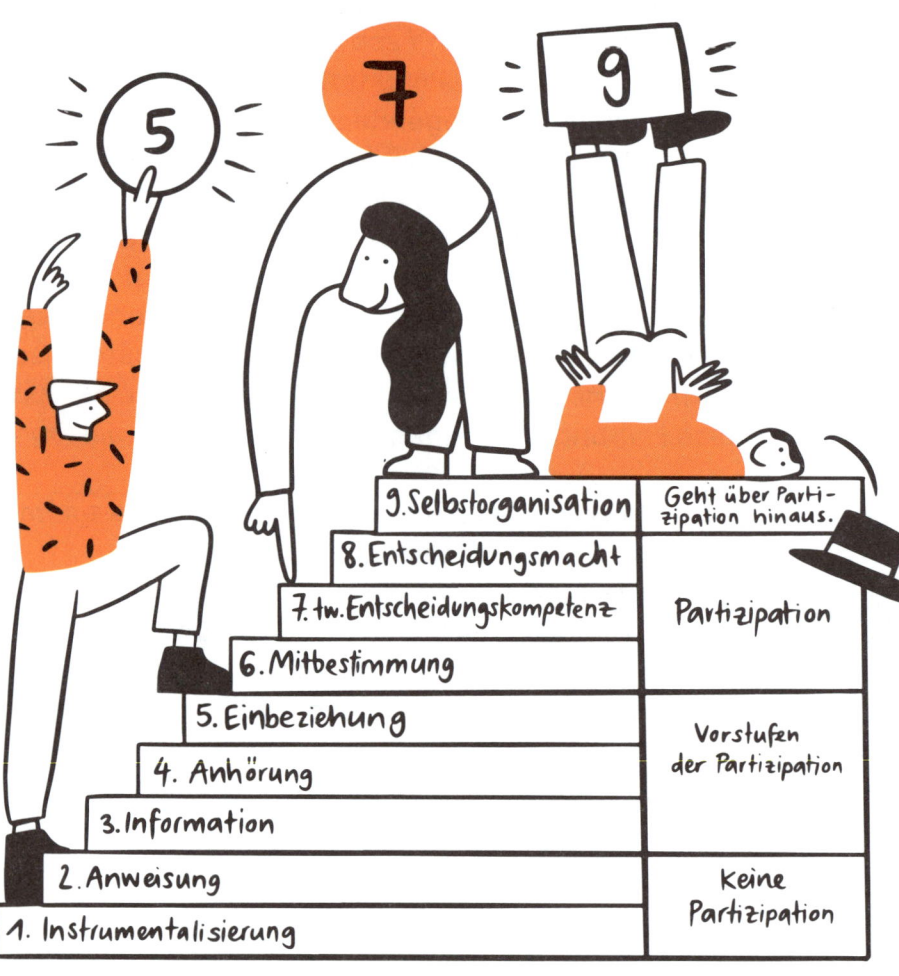

Tag 5 – Anwendung I
Partizipation – Rahmenbedingungen

Ziel
Die Behörden und die Mitarbeitenden sind motiviert, ihre Rolle neu als Moderatorin oder Coach in einem partizipativen Prozess zu verstehen.

Vorbereitung
Vergegenwärtigt euch die Warum-Erklärung und das Wie-Statement eurer Kirchgemeinde als grundlegenden Kern eurer Arbeit. → Methoden Tag 1 Alles, was partizipativ im strategischen und operativen Bereich erarbeitet wird, sollte auf der Basis der Warum-Erklärung stehen.

Durchführung
Beantwortet in einer Spurgruppe folgende Fragen so genau wie möglich, um dem partizipativen Prozess einen geeigneten Rahmen zu geben *(Beispiel: Neugestaltung des Jugendraums)*:

Was

- ⑦ Was ist das (offene) Ergebnis des partizipativen Prozesses? Worum geht es genau?
- 💡 *Es geht um die Neugestaltung des Jugendraums.*

- ⑦ Welche Partizipationsstufe wird angestrebt?
- 💡 *Stufe 8: «Entscheidungsmacht» in Bezug auf die Innenausstattung des Raums (innerhalb des vorgegebenen Rahmens)*

- ⑦ Welche (juristischen, baulichen, finanziellen, zeitlichen, emotionalen ...) Einschränkungen gibt es?
- 💡 *Budget von 1000 Franken, helle Wandfarbe, Raum muss ab und zu von anderen Gruppen genutzt werden können, Prozess soll ein halbes, maximal ein ganzes Jahr dauern.*

- ⑦ Wie wird der Prozess dokumentiert?
- 💡 *Das Konzept wird der Kirchenpflege vor der Umsetzung vorgelegt. Ein Fotoprotokoll dokumentiert die Umsetzung.*

Tag 5 – Anwendung I
Partizipation – Rahmenbedingungen

Wer

- ❓ Wer soll mitgestalten? Wer ist betroffen, interessiert und motiviert?
- 💡 *Zwei Jugendliche aus jedem Jahrgang (von 12–16 Jahren), die Jugendarbeiterin, ein Pfarrer, zwei Personen der Cevi-Leitung und eine Kantorin, die häufig mit Jugendlichen arbeitet.*

- ❓ Wer ist im weiteren Sinne betroffen und muss informiert werden?
- 💡 *Das Sigristen-Team, die Gruppe, die den Raum mitverwendet, die weiteren Mitarbeitenden.*

- ❓ Gibt es eine schwierige Vorgeschichte, die zu einem Hindernis werden könnte? Wen müsste man an Bord holen, um dieses Hindernis zu beseitigen?
- 💡 *Ja. Die Verantwortliche für die Familienarbeit wollte vor zwei Jahren den Raum mitnutzen. Die Anfrage wurde zurückgewiesen. Es wäre sinnvoll, mit ihr nochmals ins Gespräch zu kommen, damit keine Ressentiments gegenüber der Neugestaltung entstehen.*

- ❓ Braucht es fachliche Expertise für den Prozess?
- 💡 *Nach Bedarf werden Personen zugezogen (beispielsweise Maler, Architektin).*

Auswertung

Die Antworten auf die einzelnen Fragen werden von der Spurgruppe den Entscheidungstragenden als Vorschlag für die Rahmenbedingungen präsentiert. Sie stimmen der Partizipation zu oder formulieren ihre Bedenken. In diesem Fall werden die Bedingungen angepasst, bis es Zustimmung gibt.

Tag 5 – Methode
Partizipation – Systemische Schlaufe

Welche Schritte durchläuft ein gemeinsamer Prozess?

Welche Prozesse eignen sich für partizipatives Arbeiten in Kirchgemeinden? Eigentlich alle. Wenn das Team und die Freiwilligen dazu bereit sind, lassen sich sowohl strategische Prozesse →Story Tag 3 als auch deren operative Umsetzung →Story in Tag 5 partizipativ entwickeln. Die systemische Schlaufe, die bei einem solchen Prozess durchlaufen wird, beschreibt die Deutsche Gesellschaft für internationale Zusammenarbeit in ihrem Modell *Capacity Works*.

Partizipation strategisch und operativ

Bei der partizipativen Arbeit in der Kirchgemeinde treffen unterschiedliche Systeme aufeinander: Für die Mitarbeitenden und Behörden gibt es bestimmte Regeln für die Leitung und Entscheidungsfindung, die sie nicht beliebig ändern können. Freiwillige wollen vielleicht teilweise andere Wege gehen, als es den Angestellten möglich ist. Darum sollte bei der partizipativen Arbeit …

- ① … das gemeinsame Ziel geklärt werden, damit die gemeinsame Arbeit Sinn macht. (Strategie)
- 💡 *Beispiel: Wir gestalten partizipative Familiengottesdienste, damit Eltern Vertrauen in ihre Fähigkeit der Glaubenskommunikation erhalten (Warum-Erklärung, →Tag 1).*

- ① … das Gegenüber *kennengelernt* werden: Was sind seine oder ihre Haltungen und Werte? Welche Beziehungen pflegt die Person? Wovon kann die gemeinsame Arbeit profitieren – und wo endet sie? (Kooperation)
- 💡 *Beispiel: Der eine Vater, der mithilft, kann unglaublich gut Geschichten erzählen, der andere bäckt die besten Kuchen, eine Mutter, die dabei ist, produziert kleine Animationsfilme in ihrer Freizeit und hat einen guten Draht zu einer Sängerin etc.*

Tag 5 – Methode
Partizipation – Systemische Schlaufe

ⓘ ... geklärt werden, *wie man Entscheide fällt*. (Steuerung)
💡 *Beispiel: Nach der gemeinsamen Diskussion wird der Entscheid im Konsent-Verfahren gefällt.* →Anwendung III

ⓘ ... eine *Schlaufe* durchlaufen werden: Nach der Analyse der Situation werden Veränderungsvorschläge gemacht. Es wird ein Prototyp zur Umsetzung erarbeitet. Dieser wird umgesetzt und ausgewertet. Damit startet man mit einer neuen Analyse in die nächste zweite Schlaufe, die gleich abläuft. (Prozess)
💡 *Beispiel: Der Zeitpunkt der Familiengottesdienste passt nicht zum Alltag mit kleinen Kindern. Darum wird entschieden, den Gottesdienst um eine Stunde zu verschieben. Dies wird zweimal ausprobiert. Die Rückmeldungen besagen, dass es noch besser wäre, der Gottesdienst fände am Nachmittag statt. So wird ein zweiter Prototyp am Nachmittag gestartet.*

ⓘ ... nach einer vorher festgelegten Anzahl Schlaufen die *brauchbarste Lösung* gewählt und *verankert* werden. (Lernen und Innovation)
💡 *Beispiel: Der Sonntagnachmittag ist der beste Zeitpunkt für die interessierten Familien. Somit wird dieser Zeitpunkt gewählt.*

Tag 5 – Anwendung II
Partizipation – Open Space

Wie finden wir in einem partizipativen Prozess die relevanten Themen?

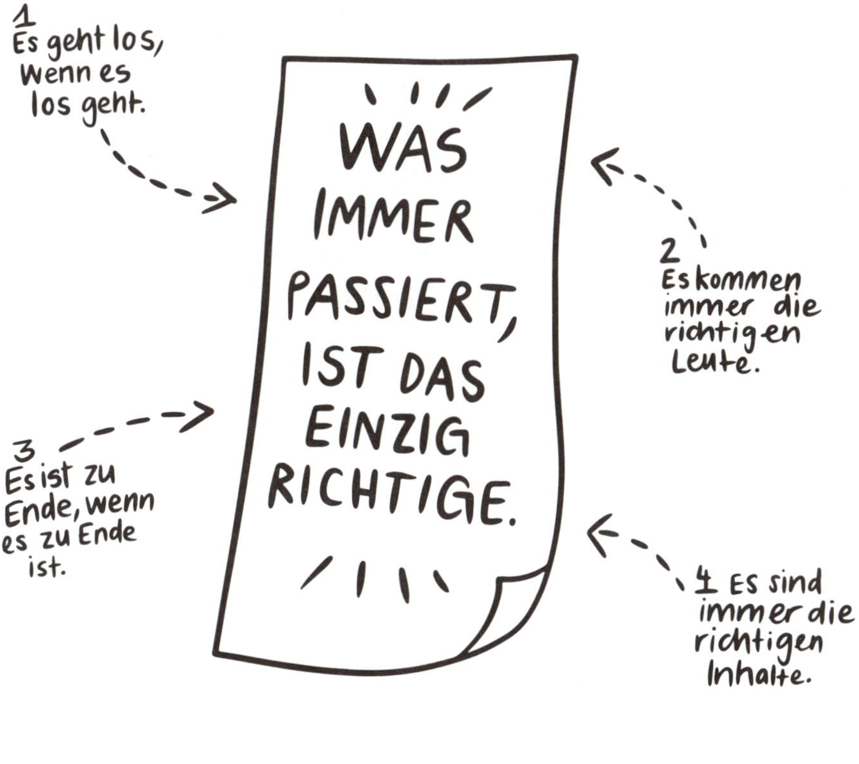

WAS IMMER PASSIERT, IST DAS EINZIG RICHTIGE.

1. Es geht los, wenn es los geht.
2. Es kommen immer die richtigen Leute.
3. Es ist zu Ende, wenn es zu Ende ist.
4. Es sind immer die richtigen Inhalte.

① GESETZ DER ZWEI FÜSSE: GEH DAHIN, WO DU WILLST.

② SCHMETTERLINGE SIND IRGENDWO UND ZIEHEN LEUTE AN.

③ HUMMELN FLIEGEN HIN UND HER UND VERTEILEN DIE GUTEN IDEEN.

Tag 5 – Anwendung II
Partizipation – Open Space

Ziel
Die Kirchgemeinde bearbeitet eine konkrete Leitfrage in einem partizipativen Prozess (beispielsweise «Was soll bei der Umgestaltung des kirchlichen Aussenraums beachtet werden?» Oder: «Was sind diakonische Herausforderungen vor Ort, bei denen die Kirche aktiv werden könnte?»). Indem möglichst viele mitmachen, werden die wichtigen Aspekte der Frage aus verschiedenen Perspektiven identifiziert. Interessierte Personen bearbeiten diese in weiteren Handlungsschritten aktiv weiter.

Vorbereitung
Harrison Owen entwickelte in den 1980er-Jahren die Methode *Open Space* für Gruppen von 8 bis 1000 Personen: Im Voraus formuliert die Vorbereitungsgruppe eine *klare und brennende Frage*. Sie überlegen sich, wen sie einladen sollten, um sich zur Frage Gedanken zu machen. Im besten Fall sind dies direkt betroffene und motivierte Personen mit verschiedenen Perspektiven auf die Frage. Sie alle sind Expertinnen und Experten.

Eine *Open-Space*-Veranstaltung kann je nach Fragestellung ein paar Stunden oder mehrere Tage dauern.

Tag 5 – Anwendung II
Partizipation – Open Space

Durchführung

① *Einführung*: Begrüsst alle Anwesenden, erläutert die Leitfrage, erklärt die Regeln von *Open Space* →Illustration und das Vorgehen.

② *Phase 1: Anliegen sammeln.* Fragt in die Runde: «Was brennt dir im Zusammenhang mit dieser Frage unter den Nägeln? Was muss unbedingt bearbeitet werden?» Jede Person notiert ihr Anliegen auf einem Zettel. Sie ergänzt ihren Namen, die Zeit und den Ort, wo das Anliegen diskutiert wird. So entsteht ein Marktplatz von möglichen Workshops.

③ *Phase 2: eine oder mehrere Open-Space-Runden.* Nun steht eine definierte Zeit zur Verfügung, um sich in den Workshops den Themen zu widmen. Alle wählen ein Thema, das sie interessiert. Sie können den Ort wechseln, wann immer sie wollen. Die Person, die das Anliegen formuliert hat, ist Gastgeberin in diesem Workshop und dokumentiert die Ergebnisse.

④ *Phase 3: Ernte und Handlungsplanung.* Die Ergebnisse werden im Plenum vorgestellt und priorisiert. Nun können Einzelne sich dafür aussprechen, bei den nächsten Schritten mitzuarbeiten. Sie bilden Arbeitsgruppen und führen die Arbeit selbstorganisiert fort.

⑤ *Abschluss*: Die Teilnehmenden erzählen, was sie im Prozess beeindruckt hat.

Nachbearbeitung

Damit die Energie aus der Veranstaltung nicht verpufft, solltet ihr sie sorgfältig nachbereiten: Ihr definiert eine Ansprechperson. Diese fragt bei den einzelnen Gruppen nach, sammelt und koordiniert die Ergebnisse. Sie lädt ein zu einer Follow-up-Veranstaltung ein halbes Jahr später, an der alle Arbeitsgruppen den aktuellen Stand ihrer Arbeit präsentieren. Dort vereinbart ihr die nächsten oder abschliessenden Schritte.

Tag 5 – Anwendung III
Partizipation – Soziokratische Entscheidungsfindung

Wie finden wir unter Gleichgestellten zu einer sinnvollen Entscheidung?

Tag 5 – Anwendung III
Partizipation – Soziokratische Entscheidungsfindung

Ziel
Eine Gruppe fällt eine Entscheidung, mit der alle im Grundsatz einverstanden sind und die sie darum mittragen.

Vorbereitung
Erklärt allen, die mitentscheiden, das *Konsent-Prinzip*: Eine Entscheidung gilt dann, wenn kein schwerwiegender, prinzipieller Einwand dagegen vorgebracht wird. Gründe wie «Das will ich nicht» oder «Das passt mir aber nicht» gelten nicht als solcher Einwand. Beispiele für schwerwiegende Einwände sind: «Das führt nicht zum angestrebten Ziel» (Funktionalität) oder «Dieses Vorgehen passt nicht zu unserer Grundaufgabe» (Warum-Erklärung →Tag 1).

Durchführung
Für den Entscheidungsprozess gibt es eine klare Struktur:

① *Bildformende Runde(n):* Ihr sammelt alle entscheidenden Informationen zum Thema, indem eine Person nach der anderen das beiträgt, was sie weiss.
② *Meinungsformende Runde(n):* Alle äussern der Reihe nach ihre Meinung zum Thema. Ihr sammelt dann mögliche Lösungsvorschläge.
③ *Konsent-Runde(n):* Der Moderator oder die Moderatorin formuliert den Lösungsvorschlag, der am besten passt. Der Reihe nach darf jede Person Einwände bringen. Diese werden angehört und die Lösung entsprechend angepasst. Sobald ihr gegen einen Lösungsvorschlag keine schwerwiegenden Einwände mehr findet, entscheidet ihr euch dafür, diesen umzusetzen.

Tag 5 – Anwendung III
Partizipation – Soziokratische Entscheidungsfindung

Damit dieser Prozess geordnet vor sich geht, braucht es folgende Regeln:

① Ein Moderator oder eine Moderatorin leitet das Gespräch. Er oder sie kann zugleich Mitglied der Gruppe sein und die eigene Meinung einbringen.
② Es gibt keine offene Diskussion, sondern jede Person äussert sich nach der vorhergehenden im Kreis. So wird verhindert, dass die Diskussion ausartet oder bestimmte Stimmen nicht gehört werden. Es kann mehrere Runden geben, in denen man zu den vorher geäusserten Gedanken weitere hinzufügen kann.
③ Die Verantwortung für das Gelingen der Entscheidungsfindung liegt bei der Moderation und den Gruppenmitgliedern gemeinsam.

Auswertung
Wenn ihr euch in einem solchen Verfahren für eine Lösung entscheidet, ist dies möglicherweise nicht die perfekte Lösung. Es ist aber die Lösung, die zu dem Zeitpunkt am besten zu den Informationen und Möglichkeiten von euch als Gruppe passt. Wenn sich die Voraussetzungen ändern, könnt ihr einen neuen Entscheidungsprozess durchführen, bei dem ihr die neuen Voraussetzungen miteinbezieht.

Für Methodenmuffel
Frag jede Woche eine Person an, ob sie eine Aufgabe mit dir zusammen gestalten oder ganz übernehmen möchte, die du üblicherweise allein machst (beispielsweise Konfunterricht leiten, Bilderbuch erzählen im Eltern-Kind-Singen, begrüssen im Gottesdienst, Sitzung leiten).

Tag 6

Leitung

Einführung
191 Leitung

Story
195 Eine Kirchgemeinde leiten

Im Gespräch
205 Winterthur – Personale Leitung
209 Kirchgemeinde Weinland Mitte –
     Kollegiales Leiten

**Methode
Agilität**
211 Einführung
212 Organisation und Leitung

Anwendung
214 Selbstführung in Teams

Tool
217 Cynefin

Methode
220 Evolutionäre Organisation

Wie leiter
Kirche vo

wir die
heute?

☑ **Tag 6**
Tagesziel

Die Kirchgemeinde weiss, welcher Leitungsstil wo angemessen ist, und organisiert sich entsprechend.

○ Du verstehst dich als Assistent oder Assistentin der Kirchgemeinde und unterstützt sie, ihre Aufgabe gut zu erledigen.
○ Du übernimmst Verantwortung für die langfristige strategische Entwicklung der Kirchgemeinde.
○ Du kennst deine Aufgaben und weisst, welche Kompetenzen und Verantwortlichkeiten damit verbunden sind.

Tag 6 – Einführung
Leitung

Die Kirche als professionelle Organisation

Unterschiedliche Personen – Behörden, Mitarbeitende und Mitglieder – und deren vielfältige Aufgaben und Herausforderungen bilden gemeinsam eine Kirchgemeinde. Wie wird eine solche heute zweckmässig geleitet? Die Leitung verantwortet es, die Aufgaben möglichst zu gut erfüllen, Mitarbeitende zu führen, Kontakt- und Beteiligungsmöglichkeiten von Mitgliedern zu fördern und die Zukunft der Kirchgemeinde zu sichern.

Diese Aufzählung zeigt: Die Kirche gehört in der Organisationstheorie grösstenteils zum Typ *professionelle Organisation*. Dies bedeutet laut den Organisationsentwicklern Beat Hänni und Felix Marti, dass sie Menschen Möglichkeiten anbietet, ihre Fähigkeiten und ihre Persönlichkeit zu entwickeln. Andere Beispiele dafür sind die Schule, das Theater oder Beratungsorganisationen. Sie alle arbeiten *mit* den Menschen, nicht *für* sie. Reine Dienstleistungen für andere Menschen anzubieten (wie beispielsweise eine Versicherung oder ein Reisebüro) ist nicht der vorrangige Zweck der Kirche, genauso wenig, wie den Mitgliedern ein Produkt anzubieten. Die Kirche ist also im Wesentlichen weder eine Dienstleistungs- noch eine Produktionsorganisation, sondern eine professionelle Organisation, für die eine ganzheitliche Beziehung mit Menschen und die Begleitung der Entwicklung von Menschen bestimmend ist.

Synodale, kollegiale und personale Leitung

Um die komplexen Aufgaben einer professionellen Organisation zu meistern, braucht es eine bestimmte Art von Leitung:

○ Ein demokratischer Auftrag legitimiert die Kirche (synodal),
○ gemeinsame Selbstführung stabilisiert sie (kollegial)
○ und die spezifischen Fähigkeiten und Kompetenzen der Mitarbeitenden lassen sie aufblühen (personal).

Tag 6 – Einführung
Leitung

Die drei Faktoren beschreiben die Form der Leitung reformierter Kirchgemeinden im Kanton Zürich, in der Schweiz und in Europa.

Dank der *synodalen Leitung* sind die Kirchen demokratisch abgestützt und legitimiert: kantonal (Synode) und auf Ortsebene (Kirchgemeindeversammlung oder gewähltes Kirchenparlament). Leitung ist also von unten nach oben delegiert und wird durch den gemeinsamen Auftrag der Verkündigung zusammengehalten.

Kollegial trägt die Kirchenpflege als gewähltes Kollegium die Leitungsverantwortung. Sie wird darin wiederum kollegial von den Pfarrpersonen und Angestellten unterstützt. Dank der gemeinsamen Leitung diskutieren Kirchenpflege, Pfarrpersonen und Angestellte Leitungsfragen miteinander. Auf der Basis dieser Gespräche fällt die Kirchenpflege dann ihre Entscheide.

Der *personale Aspekt* der Leitung betont die Verantwortung jedes und jeder Einzelnen vor dem eigenen Gewissen und das Einbringen der eigenen Kompetenzen.

Organisation und Leitung in der Tradition

Die Bibel gibt kein bestimmtes Leitungsverständnis vor. Allein das Neue Testament zeigt verschiedene Möglichkeiten: Jesus und Johannes scharten Jüngerinnen und Jünger um sich. In der Jerusalemer Urgemeinde wurden Aufgaben funktional verteilt (beispielsweise Apg 6,1–7). Der Apostel Paulus hatte ein Netz von Mitarbeitenden, die ihn mehr oder weniger selbstständig bei der Mission unterstützten. Er spricht in seinen Briefen in Bildern, beispielsweise von der Gemeinde als Körper mit Jesus als Kopf. Jedes Glied hat seine Rolle (Eph 4, 1Kor 12). Schliesslich zeigen der 1. Timotheusbrief und der Titusbrief die Entstehung erster formaler Ämter in den jungen Gemeinden. Gemeinsam ist diesen Formen, dass sie den Umständen angepasst sind – und sich darum auch ändern können. Ebenso fällt auf, dass Macht und Kompetenzen geteilt werden und «dienen» als Grundstruktur von Leitung verstanden wird.

In der reformierten Tradition hat sich vor 500 Jahren eine wichtige Einsicht dazugesellt: Wahrheit findet sich nicht durch die normative Setzung einer Leitungsperson, sondern durch das

Ergebnis eines kollektiven und vielschichtigen Prozesses. Deshalb wurde in Zürich zu Zeiten Zwinglis die Bibel öffentlich ausgelegt und verschiedene Personen übersetzten die Bibel aus dem hebräischen und griechischen Urtext. Ausserdem wurden auch die Vulgata (lateinische Bibel) und die Septuaginta (griechisches Altes Testament) übersetzt und man verglich und diskutierte die Unterschiede in den Übersetzungen und zeigte im Anschluss eine für ihre Gegenwart stimmige Auslegung des Texts in der Predigt auf.

Leitung in aktuellen Organisationsmodellen

Dasselbe Verständnis zeigt sich in der gemeinsamen Leitung. Dabei unterscheiden die von der Zürcher Kirche vorgeschlagenen Organisationsmodelle zwischen der strategischen und operativen Leitung sowie der operativen Umsetzung:

- Die *strategische Leitung* wird von der Kirchgemeinde an die Kirchenpflege übertragen. Die konzeptionelle Ausrichtung, die Qualitätssicherung und der Einbezug eines grösseren Zeithorizonts zeichnen sie aus. Die Kirchenpflege übernimmt diese Aufgabe in gemeinsamer Verantwortung mit dem Pfarr- und Gemeindekonvent (Art. 150 KO). Nach der gemeinsamen Erörterung und Lösungsfindung liegt der abschliessende Entscheid bei der Kirchenpflege.
- Die *operative Leitung* kann von einer Geschäftsleitung oder von Kommissionen übernommen werden. Die Personalführung und die Leitung der zentralen Dienste (Sekretariat, Informationstechnik, Kommunikation und Marketing, usw.) werden an diese Ebene delegiert. Dies entlastet die Kirchenpflege zeitlich und fachlich.
- Für die *operative Umsetzung der Aufgaben* sind multidisziplinäre Teams von Mitarbeitenden und Freiwilligen mit ihren Expertisen verantwortlich. In einem Teamauftrag sind die Rahmenbedingungen festgehalten: Was ist die jeweilige Aufgabe des Teams? Wie weit gehen seine Kompetenzen, also der Entscheidungsspielraum? Was

Tag 6 – Einführung
Leitung

liegt in der Verantwortung des Teams? Wofür muss es Rede und Antwort stehen? Und was ist die Rolle jedes Teammitglieds? →Anwendung

Die Sache steht im Vordergrund
Drei Kirchenpflegepräsidenten aus Horgen berichten in der *Story* darüber, wie sie ihr Leitungsamt verstehen. Sie sind der gleichen Meinung wie Andreas Schraft aus Winterthur und Anita Keller aus Trüllikon *im Gespräch:* Das wichtigste ist es, die eigene Person zurückzunehmen und sich in den Dienst der Sache zu stellen.

Die *Ideen zum Selbermachen* haben zwei andere Schwerpunkte: Leiten mit kleinen Stellenprozenten bei der Katechetin Monika Nägeli in Winterthur und leiten als Jugendliche oder junge Erwachsene im «Gärtli» in Winterthur Veltheim und im «Homecamp» in Hinwil. Ausserdem wird eine spielerische Variante vorgestellt, die Fehlerkultur in der eigenen Gemeinde zu stärken.

In den *Methoden und Anwendungen* gibt es eine kurze Einführung in das Verständnis agiler Organisation und agiler Leitung. Warum und wo diese Herangehensweise für Kirchgemeinden hilfreich sein kann, erklärt «Cynefin» als Analyseraster. Neue kirchliche Projekte bewegen sich häufig in einer komplexen Umgebung. Wie sie darin ihre Arbeit am besten strukturieren können, zeigt das Modell einer evolutionären oder agilen Organisation des Unternehmensberaters Frédéric Laloux auf.

Tag 6 – Story
Eine Kirchgemeinde leiten

«Es geht nicht um mich, es geht um die Sache!»

Für ein gutes Funktionieren und eine weitsichtige Positionierung der Gemeinde muss eine gemeinsame Kultur etabliert werden. Welche Rolle spielt dabei die Leitung?

Tag 6 – Story
Eine Kirchgemeinde leiten

Im Kanton Zürich liegt die Verantwortung für Aufbau und Leitung der Kirchgemeinde seit 2009 bei der Kirchenpflege, den Pfarrpersonen und den Angestellten. Diese gemeinsame Leitung ist eine Chance für unterschiedliche Schwerpunktsetzungen. Sie kann aber auch zu Diskussionen und Streit um die richtigen Schwerpunkte führen. In der Amtsperiode von 2018–2022 wurde die Kirchgemeinde Horgen nacheinander von drei Kirchenpflegepräsidenten geleitet. Alle drei kennen Leitung auch aus anderen Kontexten. Wie gut ist die Kirche in ihren Augen im Bereich Leitung aufgestellt?

«Eine Kirche führt man nicht wie ein CEO!»

Markus Rauber war von 2018–2020 Kirchenpflegepräsident in Horgen. Vor seinem Amtsantritt besuchte er eine Weiterbildung der Landeskirche. «Ich trug einen Anzug. Bevor ich irgendetwas gesagt oder getan hatte, baute sich der Leiter vor mir auf und sagte: ‹Eine Kirche führt man nicht wie ein CEO!› Das hat mein Verständnis vom Amt geprägt. Ich glaube aber nicht immer zum Guten.» Die Aussage in der Weiterbildung liegt insofern auf der offiziellen Linie der Landeskirche, als auch sie darauf hinweist, dass Leitung in der Kirche etwas Besonderes sei. Sie funktioniere anders als in der Wirtschaft oder Politik. Doch wird der Unterschied in den Dokumenten des Kirchenrats und der Gesamtkirchlichen Dienste weniger plakativ benannt: Der Unterschied gegenüber der Wirtschaft sei die gemeinsame Leitung (Zuordnungsmodell), der Unterschied gegenüber der Politik die gemeinsame Warum-Erklärung. → Tag 1

Unterschiede aus der Alltagserfahrung

Jürg Pfister, der das Präsidium in Horgen im Jahr 2020 für neun Monate übergangsweise führte, benennt den Unterschied zur Wirtschaft anders: «Ein grosser Unterschied ist der Umgang mit bestimmten Begriffen!» Das fällt ihm in Gesprächen auf, am stärksten in Gesprächen mit Pfarrpersonen: «Statt von ‹führen›, spricht man von ‹leiten› – oder noch lieber umschreibt man es mit ‹gemeinsam unterwegs sein›. Statt von ‹Strategie›

Tag 6 – Story
Eine Kirchgemeinde leiten

Tag 6 – Story
Eine Kirchgemeinde leiten

Tag 6 – Story
Eine Kirchgemeinde leiten

sprechen wir von ‹Zukunft› oder wenn es hoch kommt von ‹Vision›. ‹Kunden› sagt man nicht, nur ‹Mitglieder› oder vielleicht einmal ‹Zielgruppe›.»

Markus Rauber pflichtet ihm bei: «Ich habe mich als Kirchenpflegepräsident als Übersetzer verstanden: die strategischen Überlegungen mussten den Weg finden in die theologische Ausdrucksweise der Pfarrpersonen und zu den alltagspraktischen Fragen der Angestellten.» Geklappt habe das nicht immer, sagt er, «dann hat es auch mal richtig gerumpelt.» – «Das ist aber selten», meint Jürg Pfister, «denn das ist eine weitere Eigenheit der Kirche: Man scheut Konflikte.» Darum sei es die Aufgabe des Präsidiums, diese anzusprechen und anzugehen.

Für Joggi Riedtmann, den jetzigen Kirchenpflegepräsidenten in Horgen und zugleich Gemeinderat, gleicht das Leitungsverständnis in der Kirche dem in der Politik: «Da muss man sich auch vier Jahre lang mit den gewählten Personen arrangieren und kann nicht einfach jemandem kündigen. Ich muss Koalitionen bilden, den Antrag ausdiskutieren und am Schluss gibt es einen Mehrheitsentscheid.» Einen Unterschied stellt er fest – entgegen dem offiziellen Selbstverständnis der Kirchenpflege als Kollegialbehörde: «In der Kirchenpflege nehme ich ein starkes ‹Silo-Denken› wahr. Die Ressortverantwortung wird viel höher gewichtet als die Arbeit als Kollegialbehörde. Das wäre in einer politischen Gemeinde undenkbar. Da bin ich für die ganze Gemeinde verantwortlich. So müsste es doch auch in der Kirche sein!»

Gemeinsame Leitung als Eigenheit der Kirche

Die drei Kirchenpflegepräsidenten sehen auch die gemeinsame Leitung als kirchliche Eigenheit. Die Wege, wie man zu einer Entscheidung kommt, lassen viel Spiel- und Diskussionsraum zu. «Eigentlich wäre im Zuordnungsmodell vieles klar geregelt», meint Jürg Pfister, «und doch gibt es immer wieder Diskussionen.» Markus Rauber hat dafür eine historische Erklärung: «Lange waren die Pfarrpersonen die Personen im Dorf, die am besten ausgebildet waren.» Die Pfarrer haben zudem lange Zeit die Gemeinden geleitet. Nach der Reformation waren sie mit ihrer

Wahl für die Gemeinden verantwortlich: theologisch, aber nicht nur. Sie verwalteten die Ressourcen und richteten über geringe Alltagsdelikte (Sittengericht).

Der Reformator Johannes Calvin hatte zwar in Genf ein Modell ausgearbeitet, bei dem diese Aufgaben auf vier Ämter verteilt waren: die Pastoren verkündigten, die Doktoren lehrten, die Ältesten schauten auf die Lebensführung und die Diakone halfen den Kranken und Bedürftigen oder verwalteten die Ressourcen. In Zürich wurde die Aufteilung der Aufgaben aber erst Mitte des 19. Jahrhunderts im Zuge der Demokratiebewegung und des Liberalismus umgesetzt.

Damals entstand die Kirchenpflege, die das Sittengericht übernahm, und die Kirchgemeindeversammlung, die über bestimmte Fragen entscheiden konnte. Die Pfarrer waren nicht mehr allein für die Gemeinde verantwortlich, durften aber bis Anfang des 20. Jahrhunderts die Kirchenpflege präsidieren. Bis zur Revision der Kirchenordnung in Zürich im Jahr 1967 hatten sie faktisch weiterhin die Leitung inne. 1967 wurde erstmals der «Grundsatz der Zuordnung» im Sinne der gemeinsamen Leitung benannt. Seit 2009 gilt dieser auch für die weiteren Angestellten. Entscheidungen in Bezug auf den Aufbau der Gemeinde werden nach der Diskussion mit den Mitgliedern des Gemeindekonvents in der Kirchenpflege gefällt. Die Pfarrpersonen verantworten dabei die «theologische Reflexion» (KO Art. 112). Was diese genau beinhaltet, wird immer wieder gemeinsam diskutiert und interpretiert.

Leiten heisst dienen

«Weil der Grundsatz der Zuordnung Interpretationsspielraum hat, fordert er mich als Kirchenpflegepräsident stark heraus», sagt Markus Rauber. «Ich will ja nicht nur die hören, die laut rufen, sondern vor allem auch die leisen Stimmen. Dafür braucht es einen geeigneten Rahmen.» Joggi Riedtmann pflichtet ihm bei: «Wichtig ist es, die Eckpfeiler am richtigen Ort einzuschlagen und dazwischen viel Freiraum zu lassen. Innerhalb dieses Rahmens sollen Mitarbeitende und Behörden ihr Potenzial ausschöpfen

201 Tag 6 – Story
Eine Kirchgemeinde leiten

können. Es geht ja nicht darum, dass ich mich selbst verwirkliche, sondern dass ich der Sache diene.» Dabei helfe ihm das Bewusstsein dafür, dass nicht er als Präsident der Kopf des Ganzen sei, sondern Gott: «Wir unterstellen uns etwas, was ausserhalb des Menschlichen steht.» Jürg Pfister pflichtet bei: «Gute Führung ist für mich eine Dienstleistung. Ich sorge dafür, dass meine Mitarbeitenden die Bedingungen haben, um ihren Job gut machen zu können. Diese Leute haben viel Potenzial und eine gute Ausbildung! Ich als Chef darf nicht denken, ich wisse es besser.»

Reorganisation in Horgen

In der Kirchgemeinde braucht es Expertinnen und Experten auf Verwaltungsebene (Personal, Finanzen, Liegenschaften), im Sozialen (Diakonie) und im Theologischen (Pfarrpersonen). «Es braucht viel Eigenverantwortung», sagt Jürg Pfister. «Das ist verwandt mit den Ideen der agilen Organisation.» Für Joggi Riedtmann sind Agilität und Nachhaltigkeit in der Kirchenleitung prägend: «Agil da, wo man schnell reagieren muss, nachhaltig da, wo man von langer Hand planen kann.» Auch agile Prozesse sind stark strukturiert, wie Markus Rauber betont. «Dadurch können Aufgaben, Kompetenzen und Verantwortung den entsprechenden Personen übertragen werden.» Seien Aufgaben, Kompetenzen und Verantwortung nicht klar geregelt, führe das zu Schwierigkeiten.

Damit dies in Horgen besser klappt, organisiert sich die Kirchgemeinde neu: Die strategische Leitung übernimmt ein Ausschuss aus Kirchenpflege, Pfarr- und Gemeindekonvent. «So ist gewährleistet, dass beispielsweise die Sicht des Sigristen als Weisungsempfänger, Beteiligter am Gottesdienst und Verantwortung tragender Mitarbeiter gesehen wird», sagt Joggi Riedtmann. Die sieben Kirchenpflege-Ressorts rücken in den Hintergrund und werden drei Teams zugeordnet: Gemeindeleben, Verkündigung und Ressourcen. Alle Mitarbeitenden sind den Teams zugeteilt. Sie erhalten darin Kompetenzen, die bisher der Kirchenpflege vorbehalten waren. Jürg Pfister erklärt: «Wie gesagt: Die Mitarbeitenden sind die Profis. Sie wissen, was sie brauchen und tun. Das setzen wir jetzt um!»

Ein selbstorganisiertes Gärtchen

Als Abschlussprojekt für den Jugendleitungskurs schwebte Julius Labusch (Jugendleiter) und zwei Freunden ein kleiner Garten mit Aussicht vor. Sie wollten ihn bewirtschaften und zum Reich der Jugendleiterinnen und Jugendleiter machen. Ihre Freundinnen und Freunde waren gern bereit mitzuhelfen. Auch den Pfarrer und den Jugendarbeiter baten sie um Unterstützung: Dank einem Antrag bei der Kirchenpflege erhalten sie einen Beitrag an die Pacht. «Zwei Drittel der Pacht zahlt die Kirchgemeinde – alles andere bezahlen wir selber», sagt Julius Labusch. «Wir wollen, dass das Gärtli ‹unseres› ist und nicht primär das der Kirche. Wir wollen darüber entscheiden können, was hier passiert.»

Wenn zum Beispiel der Mädchen-Treff im Garten stattfindet, werden die Jungen zuerst gefragt. «Ich bin der Ansprechpartner gegen aussen», sagt Julius Labusch. Ebenso funktioniert es mit Anfragen zum Leiten: «Wir haben ja den Jugendleitungskurs gemacht, so fragt uns die Kirche an: für das Konflager, zum Vorspuren einer städtischen jungen Kirche oder andere Events. Es finden sich immer zwei, drei von uns, die mithelfen.»

Die Kommunikation in der Gruppe läuft über einen Chat: «Da können wir kurzfristig fragen, ob jemand Lust hat zum Brätaln oder wer die Beete giesst.» Auch sonst organisiert sich das Team, bestehend aus fünfzehn Jugendlichen, als Netzwerk. «Wir haben zwar einen ‹Vorstand›, das bedeutet aber nur, dass diese Personen Zuständigkeiten haben», sagt der Jugendleiter, «jemand betreut z. B. die Finanzen.» Ideen wie den Bauwagen mit wandelbarem Mobiliar auszustatten, die Regenwassersammlung zu optimieren oder die Beete zu bepflanzen, setzt um, wer die nötigen Fähigkeiten und Freude mitbringt.

Damit sie sich regelmässig sehen, haben sie nach einem Jahr beschlossen, monatlich einen gemeinsamen «Gärtli-Tag» zu organisieren. «Unser Ziel ist Gemeinschaft – dafür brauchen wir gemeinsame Zeit und einen eigenen Ort», sagt Julius Labusch. «Das haben wir hier im Gärtli im Rahmen der Kirche gefunden.»

Homecamp

«Man muss einen klaren Rahmen abstecken, dann klappt es auch sehr gut, wenn jüngere Jugendliche leiten», sagt Luca Gehrig (Sozialdiakon) aus Hinwil. Seit drei Jahren bietet er ein *Homecamp* an. Er leitet es zusammen mit jungen Erwachsenen aus dem Team der Jugendgruppe und weiteren Jugendlichen.

Fürs *Homecamp* bringen die Jugendlichen ab der 1. Oberstufe ihre Schlafsäcke, Schulmaterialien oder die Ausrüstung für die Lehre mit ins Haus, in dem die Familien- und Jugendarbeit stattfindet. In einem Zimmer schlafen die Mädchen, im anderen die Jungs. «Um zehn Uhr ist Nachtruhe, das klappt ganz gut», lacht Luca Gehrig. Tagsüber gehen die Jugendlichen und jungen Erwachsenen ihrer Tätigkeit nach: Schule, Lehre, Arbeit.

Am Abend essen alle gemeinsam und erledigen die *Ämtli*: abwaschen und Dusche und WCs reinigen. Auf dem Programm stehen danach Inputs, Workshops oder auch mal ein Geländespiel. Einmal die Woche wird ein Ausflug organisiert und zwei Abende bleiben frei. «Die Abende ohne Programm sind sehr wichtig für die Gemeinschaft und Beziehungsgestaltung», sagt Luca Gehrig. «Oft entsteht dann doch ein spontanes Programm wie ein Tischfussballturnier oder ein Spielabend.»

Die jüngsten unter den Leitenden sind jeweils für einen Programmpunkt verantwortlich. Der Sozialdiakon bespricht mit ihnen die Rahmenbedingungen → Tag 5: Wieviel Zeit haben sie am Abend zur Verfügung? Wie viel Budget ist vorhanden? Ist es möglich, mit dem Auto irgendwohin zu fahren? «Ich nehme mir Zeit, um ihre Pläne mit ihnen durchzugehen», sagt Luca Gehrig. «Vieles lernen sie aber auch dadurch, dass sie es umsetzen: Wie viel Zeit braucht es, um Geländespiele vorzubereiten? Oder: Wie schaffe ich es, dass mir alle zuhören?» Die grösseren Leitenden organisieren nicht nur einzelne Programmpunkte, sondern übernehmen auch die Tagesverantwortung. Dazu gehört es, den Zeitplan im Blick zu behalten, ein Wort zum Tag und den Tagesabschluss vorzubereiten und die Nachtruhe durchzusetzen. «Sie haben bereits mehr Erfahrung im Leiten», sagt Luca Gehrig, «darum tragen sie auch eine grössere Verantwortung – das bereitet ihnen Freude!»

Tag 6 – Im Gespräch
Winterthur – Personale Leitung

«Im Abstimmungskampf muss man polarisieren.»

Im September 2020 hat die reformierte Kirche in Winterthur darüber abgestimmt, ob die sieben Gemeinden ihre Zusammenarbeit vertiefen oder aber fusionieren wollen. Das erste Modell wurde gewählt. Andreas Schraft hat sich als Präsident im Komitee für das zweite Modell eingesetzt. Wie sah er seinen Auftrag? Warum hat er sich so exponiert? Was brauchte es für die Leitung des Komitees? Und was bedeutete es, am Schluss zu unterliegen?

Tag 6 – Im Gespräch
Winterthur – Personale Leitung

Was war Ihre Motivation, sich im Abstimmungskampf persönlich einzusetzen?

Andreas Schraft Ich brauchte einen Anstoss von aussen. Der Kirchenpflegepräsident meiner Gemeinde sagte zu mir: «Wir brauchen eine fähige Person, die das Komitee leitet.» Zudem war und bin ich überzeugt, dass ein Zusammenschluss viel besser ist als eine verstärkte Zusammenarbeit. Und ich glaube, die Winterthurer Kirchen haben nur einmal pro Generation die Chance, über ein solch weitreichendes Projekt abzustimmen. Im Nachhinein kann ich auch sagen: Es brauchte die Komitees, damit eine öffentliche Diskussion stattfand.

Liegt es Ihnen, für etwas einzustehen?

AS Vor Medien hinzustehen und meine Meinung zu vertreten, kostet mich keine besondere Energie. Ein Team zu leiten macht mir Freude. Was mir aber nicht liegt, ist das Polarisieren. Ein Abstimmungskampf lebt davon, dass man ins Extrem geht und klar sagt, welche Vorteile die eigene Position hat und die Schwachstellen der Gegenposition schonungslos aufdeckt. Ich bin eigentlich eher der Vermittler. Aber als Leiter spielt man ja auch eine Rolle: Man hat eine Aufgabe und die definiert die Rolle. Diese ist nie deckungsgleich mit mir als Person. Meine Rolle gegen aussen war es, die Gegensätze zu betonen – auch wenn mir das nicht so liegt.

Haben Sie Ihre Fähigkeit als Vermittler auch gebraucht?

AS Ja, innerhalb unseres Teams. Meine Leitung habe ich so verstanden: Ich organisiere, halte die Leute zusammen und schaue, dass wir auf gemeinsamem Grund stehen und gemeinsam unterwegs sind. Wir hatten zwei Tendenzen im Komitee: Die einen wollten immer diskutieren, die anderen sagten: «In drei Monaten ist die Abstimmung; wir brauchen einen Fahrplan!» Den richtigen Fokus zu finden war daher nicht immer einfach. Vor allem, weil die Gruppe aus starken Persönlichkeiten bestand. Die zweite Uneinigkeit war, was wir betonen wollen: die Gegensätze der Modelle oder Kompromissmöglichkeiten? Als Leiter musste ich auf beide Seiten eingehen und eine gemeinsame Basis schaffen helfen.

Sie haben die Abstimmung verloren. Sind Sie enttäuscht?

AS Natürlich. Ich war bis zum Schluss überzeugt, dass wir gewinnen. Doch im Nachhinein sehe ich: Wir hatten keine Chance. Dennoch glaube ich, es war wichtig und richtig, sich einzusetzen. Nur so kam eine breitere Diskussion in Gang.

Zudem war es für mich persönlich eine Chance, mich mit Kirche auseinanderzusetzen. Was ist mir wichtig an der Kirche? Mir wurde klar, dass mir der Inhalt wichtiger ist als die Struktur: Gemeinschaft zu haben und Möglichkeiten, mitwirken zu können. Und auch wenn nun die Struktur gewählt wurde, die ich weniger gut finde: Wenn ich die Möglichkeit hätte, mich darin einzusetzen, würde ich genau diese Inhalte zu ermöglichen versuchen.

Leiten bei kleinem Pensum

In der Kirchgemeinde Winterthur Stadt sind neben den Pfarrpersonen drei Personen im Bereich Kinder und Jugendliche tätig: eine Katechetin, eine Mitarbeiterin für Familienarbeit und ein Jugendarbeiter. In den Kommissionssitzungen, an denen zusätzlich die zuständige Kirchenpflegerin, die Pfarrpersonen und jemand aus der Schule teilnehmen, geht es oft nur um Informations- oder Terminfragen.

Als die Stelle für Familienarbeit neu geschaffen wurde und gleichzeitig ein neuer Jugendarbeiter seine Stelle antrat, wünschte sich Monika Nägeli (Katechetin) mehr Vernetzung für die Bereiche Katechetik, Familien- und Jugendarbeit. Weil Monika Nägeli Ähnliches aus der Arbeit in anderen Kirchgemeinden kennt, nimmt sie die Umsetzung ihres Wunschs selber in die Hand: Sie spricht mit der zuständigen Kirchenpflegerin, die zehn zusätzliche Stellenprozente beantragt. Diese sind für die Leitung der Vernetzungsgruppe gedacht und dafür, dass sie auch in der Jugend- oder Familienarbeit einmal einspringen kann.

«Dass ich mit den wenigsten Prozenten die Gruppe leite, war nie ein Problem», erzählt Monika Nägeli, die nun auf 21 Stellenprozente kommt. «Die anderen waren vielmehr begeistert von den Möglichkeiten, die sich uns damit bieten.» In den vierteljährlichen Sitzungen wird berichtet, es werden Ideen ausgetauscht, Termine und Anwesenheit bei Anlässen abgesprochen. Auch praktische Fragen sind Thema: Welches Material braucht es im gemeinsamen Materialzimmer? Ist der Flyer gelungen?

Eine Leitungsposition und entsprechende Stellenprozente zu schaffen, auch bei einem kleinen Pensum, kann sich für die Zusammenarbeit lohnen. Monika Nägeli resümiert: «Der Ertrag ist gross: Die Eltern und Kinder sehen und erleben, dass wir zusammengehören. Sie lernen uns in verschiedenen Angeboten kennen. Und wir selber fühlen uns nicht mehr allein. Wir haben Vertrauen ineinander gefunden. Das stärkt unsere Arbeit enorm!»

Ideen zum Selbermachen

Aus Fehlern lernen

In der Start-up-Szene und in Organisationen, die mit agilen Teams arbeiten, hat sich eine Erkenntnis durchgesetzt: Es lohnt sich, Sachen nicht jahrelang und bis ins letzte Detail perfekt zu planen und dann erst umzusetzen. Vielmehr sollen komplexe Herausforderungen schrittweise angegangen werden. Rasch wird etwas ausprobiert, ausgewertet, angepasst und wieder neu durchgeführt. So wird das Resultat immer besser und es wird verhindert, ein Konzeptpapier für die Schublade zu erarbeiten. Denn die Kunden, Zielgruppe oder Mitglieder, mit und für die etwas entwickelt wird, können immer wieder Rückmeldungen geben.

Ein solches Vorgehen bedingt die Haltung: Fehler machen ist o. k. – solange daraus gelernt wird. Um diese Haltung in Kirchgemeinden zu stärken, haben Simon Brechbühler (Sozialarbeiter/Sozialdiakon) und Sämi Müller (Pfarrer) die Veranstaltung «fails@church» ins Leben gerufen. Übersetzt bedeutet dies sinngemäss: Fehlschläge in der Kirche. «Aus Fehlern kann man lernen», sagt Simon Brechbühler, «wenn man sich getraut, darüber zu sprechen.»

Für ihre Version von fails@church laden sie jeweils in der Kirchenszene bekannte Gäste ein, die über persönliche Tief- und Wendepunkte berichten. In der Kirchgemeinde ist auch ein niederschwelligeres Format denkbar: An der Gesamtretraite gibt es einen Aufruf, von Fehlern und Misserfolgen aus der eigenen Arbeit zu erzählen. Der Anfang mag ungewohnt sein, doch es wird sich zeigen, dass sich die Diskussionen lohnen: Nicht alle müssen die gleichen Fehler wiederholen. Und zwar nicht wegen eines erhobenen Zeigefingers, sondern dank dem Austausch über die Misserfolge. Wird das Format immer wieder angeboten, entwickelt sich eine Fehlerkultur, die es erlaubt, darüber zu sprechen. So können Fehler als hilfreicher – und in Zukunft vielleicht vermeidbarer – Schritt der Arbeit gesehen werden.

Tag 6 – Im Gespräch
Kirchgemeinde Weinland Mitte – Kollegiales Leiten

«Supervision sollte in einem solchen Übergang dazugehören!»

Im Zürcherischen Weinland schliessen sich fünf Kirchgemeinden mit je einem Einzelpfarramt zusammen. Die ehemaligen Einzelkämpfer und Einzelkämpferinnen müssen überlegen: Was für eine Kirche wollen wir gemeinsam sein? Welche kollegiale Verantwortung trägt der neue Pfarrkonvent in diesem Prozess? Anita Keller (Leiterin Pfarrkonvent) erzählt.

Tag 6 – Im Gespräch
Kirchgemeinde Weinland Mitte – Kollegiales Leiten

Was bedeutet kollegiale Leitung für den Zusammenschlussprozess?

Anita Keller   Unseren Pfarrkonvent gibt es inoffiziell seit mindestens fünfzehn Jahren. Wir haben Abdankungsvertretungen organisiert und Themen wie einen Konfnachmittag bearbeitet. Vor neun Jahren kam die Fusionsfrage auf den Tisch. Die erste Reaktion war: «Geht's noch! Es läuft doch gut!» Doch wir haben gemerkt: Eigentlich sind wir schon miteinander unterwegs. Das könnten wir vertiefen: Seniorenferien, Jugendkirche, Konfirmandenunterricht. Wenn wir dies gemeinsam entwickeln, können wir zur Zusammenarbeit beitragen.

Können Sie dadurch auf Leitungsebene etwas beitragen?

AK   Für die Mitglieder ist ein Zusammenschluss nicht einfach eine neue Struktur auf Papier. Er muss sichtbar sein. Es muss Projekte geben, die funktionieren. Wir als Pfarrpersonen stehen hin und sagen: «Das ist eine gute Sache.» Darum waren die Zusammenarbeitsverträge eine wichtige Zwischenstufe. Das war *learning by doing*. Nun gibt es dank der Zusammenarbeit ein paar richtig coole Sachen, auf die man stolz sein kann! So lassen sich all die Struktursitzungen und der denkerische Knochenjob ertragen.

Wie positionieren Sie sich als Pfarrteam im strukturellen Prozess?

AK   Für uns war klar: «Wir sind mit dabei!» In der Phase der Zusammenarbeit gab es eine harzige Zeit, als wir in der Opposition waren zur Präsidienkonferenz. Das hat sehr viel Energie gefressen. Aber es hat dazu geführt, dass wir als Pfarrkonvent einheitlich auftreten mussten. Darum haben wir vieles diskutiert. Ich habe das Konzentrat davon als Leiterin des Konvents nach aussen getragen.

Im Zusammenschluss wollten wir nicht als Opposition dastehen und sind darum Teil der Steuerungsgruppe. Dennoch müssen wir aufpassen, dass die gemeinsame Leitung in der Balance bleibt. Es geht ja nicht nur um eine neue Struktur, sondern wir müssen eine neue Kultur der Zusammenarbeit finden. Das dauert eine Weile.

Als Pfarrkonvent sind Sie ja auch zusammengewürfelt worden. Wie funktioniert das?

AK   Wir waren Einzelkämpfende in unseren Gemeinden: für alles verantwortlich, kennen die Leute, haben den Überblick, das Wissen und ein grosses Interesse an den Menschen und Formaten. Wenn vier solche Personen zusammenkommen, ist es nicht erstaunlich, dass es auch mal knallt. Darum haben wir uns eine Supervision geholt. Wir finden: Es ist wichtig und richtig, dass Übergänge begleitet sind. Es geht ja auch darum, in die Zukunft zu schauen – und die sieht nicht nur rosig aus.

Was ist Ihre Aufgabe als Leiterin des Pfarrkonvents?

AK   Ich rufe die Leute zusammen, erstelle die Traktandenliste und vertrete unsere Meinung gegen aussen. Das ist alles. Die Leitung habe ich übernommen, weil ich Kapazität hatte und Freude daran, es zu tun. Diskussionen kamen wegen der Hierarchie bisher nie auf, sondern nur, weil wir verschieden sind. Wir müssen nun noch stärker darüber nachdenken: «Was bedeutet dir die Konfirmandenarbeit? Wo stehst du theologisch?» Wir sind die Hüter und Hüterinnen des gemeinsamen theologischen Profils. Als zusammengeschlossene Gemeinde müssen wir das aber auch zusammen mit den Behörden herausfinden: Welche Kirche wollen wir sein?

Tag 6 – Methode
Einführung

Agilität

Der Begriff Agilität hat seinen Ursprung in der soziologischen Systemtheorie, in Produktionsbetrieben, die schnelle Entwicklung, multifunktionale Teams und eine ständige Verbesserung der Abläufe vorantrieben, und in der Softwareentwicklung. Seit diesem Jahrhundert wird er in der Organisationstheorie verwendet. Was versteht man unter einer «agilen Organisation» und unter «agiler Führung»? Ist Agilität für die Leitung einer Kirchgemeinde wichtig – und wenn ja, wo und wie?

Tag 6 – Methode
Agilität – Organisation und Leitung

Brauchen Kirchgemeinden Agilität in der Leitung?

I. Agile Organisation – warum und wozu?

Der nachmoderne Kontext →Tag 2 ist geprägt von Globalisierung, Digitalisierung oder generell Vernetzung. Dies führt dazu, dass Veränderungen immer schneller aufeinanderfolgen. Deshalb erscheint die Welt als unbeständig, komplex und mehrdeutig: Die Welt befindet sich in dauernder Bewegung. Agilität ist die Fähigkeit, Veränderungen rechtzeitig zu erkennen und darauf schnell und situationsgerecht zu reagieren.

II. Komplexität in der Kirche

In einer Kirchgemeinde gibt es Aufgaben, bei denen man auf einen grossen Erfahrungsschatz zurückgreifen kann (beispielsweise Seelsorge). Daneben gibt es Aufgaben wie Verkündigung oder Unterricht, deren Wie →Tag 1 möglicherweise neuen Gegebenheiten angepasst werden müsste. Als Drittes gibt es Aufgaben, für deren Umsetzung eine neue Denkhaltung und Handlungsweise nötig sind (Innovation).

Die Kirche muss eine Balance finden zwischen bekannten Aufgaben mit bekannter Handhabung und unbekannten komplexen Aufgaben, bei denen das Was und das Wie neu gefunden werden müssen. Bei Letzterem kann Agilität im Denken, Handeln und Leiten helfen.

III. Prinzipien für agile Leitung

Grundlegend für die agile Leitung ist das Vertrauen in die Menschen, mit denen man arbeitet. Bei komplexen Herausforderungen gibt es nicht *eine* Person in der Kirchgemeinde, die über das Wissen verfügt, um jede einzelne Aufgabe zu lösen. Die Mitarbeitenden und Freiwilligen, die daran arbeiten, sind aufgrund ihrer Fähigkeiten und Interessen – oder theologisch gesprochen ihrer «Gaben» oder «Charismen» (beispielsweise 1Kor 12,1–11) – Experten und Expertinnen.

Tag 6 – Methode
Agilität – Organisation und Leitung

Strategien, Ziele und Vorgehensweisen werden gemeinsam mit der Kirchenpflege diskutiert und der Kirchgemeindeversammlung vorgelegt. Sie setzen die Rahmenbedingungen für Entscheidungen, welche die verantwortlichen Mitarbeitenden dann selber treffen. →Tag 5 Weil unbekannt ist, wohin sich die Aufgabe entwickeln wird, ist das Vorgehen iterativ: die Richtung wird festgelegt, die nächsten Schritte werden geplant und gegangen, dann werden Feedbacks eingeholt, Anpassungen gemacht, um wiederum die nächsten Schritte zu planen und zu gehen. Fehler geschehen dabei. Das ist in Ordnung, solange daraus gelernt wird.

Die Leitung überblickt das Grosse und Ganze und steht mit Rat und Tat zur Seite.

Tag 6 – Anwendung
Agilität – Selbstführung in Teams

Wie sprechen wir gut ausgebildete Dreissig- bis Fünzigjährige mit Gottesdiensten an?

Tag 6 – Anwendung
Agilität – Selbstführung in Teams

Ziel
Die Kirchgemeinde stellt ein «Initiativteam Gottesdienst» auf. Es erhält den Auftrag, ein Jahr lang mit Gottesdienstformen zu experimentieren (iteratives Vorgehen), die gut ausgebildete Menschen zwischen dreissig und fünfzig Jahren ansprechen sollen (Herangehensweise unbekannt).

Vorbereitung
Initiativteams gehen unbekannte Aufgaben an, deshalb ist es sinnvoll, sie breit abzustützen: eine Pfarrperson, eine Sozialdiakonin, der Jugendarbeiter, weil er Teil der Zielgruppe ist, eine Musikerin, eine Sigristin, ein Freiwilliger, der sich für Technik interessiert, ein Kirchenpfleger, eine Köchin und zwei weitere Interessierte bilden das Initiativteam.

Durchführung
Gemeinsam wird ein Teamauftrag erarbeitet, den die Kirchenpflege dann beschliesst. Darin sind die Rahmenbedingungen formuliert. Das gibt dem Team Entscheidungsfreiheit innerhalb des Rahmens. →Tag 5

- *Auftrag*: Die Vision, eine Idee in welche Richtung die Umsetzung gehen soll, und Anhaltspunkte, wie man nach einem Jahr die Arbeit evaluieren kann, bilden den Auftrag.
- *Rollen:* Das Team überlegt sich, welche Rollen nötig sind: Beziehungsmanagerin, Redner, Dekorationsverantwortlicher, Gourmetchefin, Technikfreundin, Musiker, Lichtgestalterin, Kreativ-Director, Leitung usw. Man entscheidet je nach Fähigkeiten und Interessen der Teammitglieder, wer welche Rolle ausfüllt. Die Kompetenzen und Verantwortlichkeiten sowie das nötige Zeitbudget werden festgehalten. Falls relevante Fähigkeiten im Team fehlen, werden weitere Leute gesucht.

Tag 6 – Anwendung
Agilität – Selbstführung in Teams

- *Budget:* Aufgrund einer Schätzung wird ein Globalbudget gesprochen (für Finanzen, Zeit, Infrastruktur). Wie die Ressourcen eingesetzt werden, liegt in der Verantwortung des Teams.
- *Vorgehensweise:* Das Team startet mit einer groben Ideenrichtung und einer entdeckenden und lernenden Haltung in einen offenen Prozess. Dies bedingt Wachsamkeit und Achtsamkeit: aufeinander und die Sache. Alle sollen sich gleichwertig einbringen können.

Auswertung

In regelmässigen Abständen wird über Erfahrungen und daraus resultierende Entscheide berichtet.

Am Ende des Jahrs wird reflektiert und evaluiert: Was sind die Erfahrungen? Wie will man weitergehen? Wer will sich weiter im Team einbringen? Wer könnte neu dazustossen? Wie sieht der Auftrag für das nächste Jahr aus?

Tag 6 – Tool
Agilität – Cynefin

Welche Art der Leitung passt zu welcher Aufgabe?

Das Cynefin-Modell geht davon aus, dass es für jeden Typ von Herausforderung eine passende Herangehensweise zur Bewältigung gibt. Wenn es gelingt, die Struktur einer Herausforderung zu beschreiben, kann die richtige Herangehensweise und damit die richtige Form der Leitung gewählt werden. Das gilt auch für die kirchliche Arbeit. Solange unklar ist, welchem Typ eine Situation zugeordnet werden kann, befindet man sich in der «Ungewissheit».

Tag 6 – Tool
Agilität – Cynefin

I. Einfaches System
- *Beschreibung:* Die Elemente sind geordnet. Es gibt erkennbare Beziehungen zwischen Ursache und Wirkung.
- *Herangehensweise:* beobachten (Fakten feststellen) – kategorisieren (anzuwendende Regel oder Routine definieren) – reagieren (Regel, Routine oder *best practice* anwenden).
- *Aussage:* «Diese Situation kenne ich. Ich weiss, was ich tun muss.»

II. Kompliziertes System
- *Beschreibung:* Die Elemente sind geordnet. Die Beziehungen zwischen Ursache und Wirkung sind aber vielfältig und zahlreich, sodass es Fachwissen und eine genaue Untersuchung braucht, um sie zu verstehen.
- *Herangehensweise:* beobachten (Fakten feststellen, Informationen aus verschiedenen Perspektiven sammeln) – analysieren (Informationen einschätzen und relevante Ursache-Wirkungs-Ketten entdecken) – reagieren (relevante Regel, Routine oder *good practice* anwenden).
- *Aussage:* «Ich kenne eine Person, die erklären kann, was los ist und was wir tun müssen.»

III. Komplexes System
- *Beschreibung:* Die Elemente sind ungeordnet. Beziehungen zwischen Ursache und Wirkung können nur im Rückblick erkannt werden.
- *Herangehensweise:* ausprobieren (ausgehend von einer Hypothese einen Versuch starten) – beobachten (Tauglichkeit der Hypothese überprüfen) – reagieren (Vorgehen anpassen, eventuell neue Hypothesen aufstellen, Praxis selber erarbeiten: *emergent practice*)
- *Aussage:* «Wir haben verschiedene Hypothesen dazu, was gerade passiert; eine davon wird stimmen.»

Tag 6 – Tool
Agilität – Cynefin

IV. Chaotisches System
- *Beschreibung:* Ursache und Wirkung können einander nicht fest zugeordnet werden. Der gleiche Input kann Unterschiedliches bewirken.
- *Herangehensweise:* handeln (die Situation schnell und stark verändern, um Krisendynamik zu durchbrechen) – beobachten (Auswirkungen des Handelns überprüfen) – reagieren (weitere Massnahmen treffen, um die Situation zu stabilisieren und *innovative Praxis* zu etablieren)
- *Aussage:* «Ich erkenne keine Struktur. Alles erscheint zufällig. Wie kann man die Situation aufräumen?»

Tag 6 – Methode
Agilität – Evolutionäre Organisation

Wie kommen Fülle und Vertrauen bei der Arbeit in den Blick?

Der Unternehmensberater Frédéric Laloux hat 2014 ein Buch geschrieben mit dem Titel «Reinventing Organizations». Er hat entdeckt, dass sich Organisationen je nach Herausforderung und je nach Umgebung, in der sie sich bewegen, unterschiedlich organisieren. Für die Kirche ist dieser Ansatz anschlussfähig und es ist hilfreich, mit dem Tool Cynefin zu analysieren, für welche Aufgabe oder Herausforderung der Kirchgemeinde welche Art der Organisation und Leitung zielführend sind.

I. Organisationsformen

① In einer *chaotischen Umgebung* sind eine autoritäre Leitung, eine klare Arbeitsteilung und die Übernahme von Verantwortung für ein rasches und zielführendes Handeln vielversprechend. So wird Ordnung geschaffen und ein chaotischer Prozess gestoppt.

② In einer *stabilen Umgebung mit bekannten, einfachen Herausforderungen* helfen eine langfristige Perspektive mit stabilen Prozessen und Abläufen, eine formelle Hierarchie und kontinuierliche Verbesserungen als feine Anpassung an die Stabilität.

③ Sind die *Herausforderungen komplizierter*, können aber weiterhin erforscht und verstanden werden, sind Organisationen im Vorteil, die innovativ, verlässlich und leistungsorientiert sind.

④ Tritt in einer Kultur das *Individuum* stärker in den Fokus, entstehen Organisationen, die Werte wie Fairness, Gemeinschaft, Berücksichtigung aller Interessen, intrinsische Motivation und Ermächtigung ins Zentrum stellen.

Tag 6 – Methode
Agilität – Evolutionäre Organisation

Die meisten reformierten Kirchgemeinden sind als Mischung zwischen der zweiten, dritten und vierten Form organisiert. Daneben gibt es in den Kirchgemeinden aber *komplexe* neue Herausforderungen, die eine andere Form der Organisation bedingen, um sie anzugehen. Dies, weil es keine Präzedenzfälle gibt oder keine bekannten Muster in den einzelnen Beziehungen gefunden werden können. Eine solche Herausforderung ist beispielsweise die kirchliche Präsenz im digitalen Raum.

II. Verändertes Selbstverständnis

Um *komplexe Herausforderungen* anzugehen, müssen sich zuerst die Menschen selber anders verstehen – um sich dann anders zu organisieren. Liest man Laloux' Beschreibung des «neuen Menschen», so entdeckt man viele Ähnlichkeiten zum «neuen Menschen», den das Neue Testament beschreibt: Statt Angst wird Vertrauen das bestimmende Motiv. Nicht Mangel ist im Blick, sondern Fülle. Das Leben ist eine Reise, auf der man sich anhand des inneren Kompasses bewegt und entfaltet. Hindernisse sind Möglichkeiten, um zu wachsen, Weisheit geht über das rational Verständliche hinaus. Man verspürt eine Sehnsucht nach Ganzheit: mit sich selber, in den eigenen Beziehungen und mit dem grossen Ganzen.

III. Evolutionäre Organisation

Personen, die sich so verstehen, organisieren sich so, dass die Fähigkeiten der Einzelnen am besten zum Zug kommen und sich gegenseitig ergänzen. Sie setzen auf Selbstführung →Anwendung, Ganzheit und die Warum-Erklärung. →Tag 1 Damit ist es möglich, auf komplexe Herausforderungen neue und stimmige Antworten zu finden. Die Organisation ist wie ein «lebendiger Organismus»: Sie lebt und verändert sich von innen heraus immer wieder neu und wenn immer möglich passend zur Umgebung.

Tag 6 – Methode
Agilität – Evolutionäre Organisation

Für Methodenmuffel
Geh davon aus, dass deine Kolleginnen und Kollegen ihre Aufgaben genauso clever, motiviert und lösungsorientiert angehen wie du. Darum: Hör ihnen zu, bevor du deine Meinung präsentierst.

Tag 7

Vernetzung

Einführung
227 Vernetzung

Story
230 Freiwilligenkoordination in Erlenbach

Im Gespräch
241 Grossmünster – Netzwerkpflege als Werkzeug
243 Knonauer Amt – Einbindung vor Ort

Methode Netzwerkanalyse
245 Einführung
246 Social Map

Anwendung I
248 Social Map

Methode
251 Gesamtnetzwerkanalyse

Anwendung II
253 Gesamtnetzwerkanalyse

Wie vern[etzen]
wir uns a[ls]
gemeinde[n]
in der Reg[ion]
und weltw[eit]

tzen
Kirch-
vor Ort,
ion
eit?

☑ Tag 7
   Tagesziel

   Die Kirchgemeinde versteht sich als Teil des zivilgesellschaftlichen Netzwerks

○ Du weisst, mit wem deine Kirchgemeinde vernetzt ist.
○ Du verstehst, was du mit Vernetzung Gutes erreichen kannst.
○ Du hast zahlreiche Ideen, mit wem du demnächst zum Mittagessen abmachst, womit das Gute häufig beginnt.

Tag 7 – Einführung
Vernetzung

Vernetzung – mehr als ein Modewort?

Das Pflegen (digitaler) sozialer Netzwerke ist nicht einfach eine belanglose private Beschäftigung, sondern kann ausschlaggebend sein für den Erfolg von Projekten, das Finden der grossen Liebe oder das Erlangen des Traumjobs. Auch beruflich hat Netzwerken einen hohen Status: Wer hat noch nie das Schlagwort «Vernetzung» verwendet, um einen Anlass oder ein Gesuch um Finanzierung zu rechtfertigen? Netzwerk, Networking, Vernetzung – braucht es diese Begriffe auch in der Gemeindeentwicklung?

Ja, es braucht sie. Davon sind nicht nur die Personen überzeugt, die in diesem Kapitel zu Wort kommen, sondern auch Theologinnen und Theologen, die sich über die Kirchentheorie (Ekklesiologie) Gedanken machen. Auch Kirchenleitungen, die sich fragen, wie die Kirche den Anschluss an die Gesellschaft nicht verpasst, interessieren sich dafür. Nicht zuletzt leben Mitarbeitende in den Gemeinden Vernetzung ganz konkret in ihrem Arbeitsalltag.

Bild oder Werkzeug

Der Begriff Netzwerk wird in der Kirche unterschiedlich verwendet. Häufig wird Netzwerk als *Bild* gebraucht: Wie Jesus seine Jünger dazu aufgefordert hat, ihre Fischernetze zu verlassen, um Menschen zu fischen (Mk 1,17), so sollen auch wir uns vernetzen und Gemeinden bilden. «Denn wo zwei oder drei in meinem Namen versammelt sind, da bin ich mitten unter ihnen», sagt Jesus (Mt 18,20) und begründet so einen Urknotenpunkt: die Gemeinde, von der aus das Netzwerk ausgespannt werden kann – über die gesamte Welt. Denn Gott hat die gesamte Welt geschaffen und Gottes Heilshandeln gilt der gesamten Welt. Gottes Hausgemeinschaft *(oikos)* ist nicht beschränkt auf ein bestimmtes Volk, eine bestimmte Weltreligion oder Glaubende, sondern sie umfasst die gesamte Welt, sie ist «ökumenisch».

Häufig wird diese theologische um eine soziologische Perspektive ergänzt: Kirche entsteht da, wo Menschen miteinander über den Glauben sprechen. Somit kann mit Netzwerk auch noch etwas anderes gemeint sein, nämlich das *Werkzeug* in der Netzwerktheorie. Die soziologische Perspektive hat beim sozialen Miteinander vor allem die Kommunikation der Einzelnen und ihre Vielfalt im Blick. Dadurch kann sie aufzeigen, wenn die Alltagspraxis einer Kirchgemeinde ihr Ziel verfehlt und angepasst werden müsste.

Netzwerklogik im Kleinen und Grossen

In einem Netzwerk sind die einzelnen Personen Knotenpunkte, die über Fäden, sogenannte Kanten, mit anderen Knoten verbunden sind. Einige sind mit ganz vielen Personen, die sich im Kern der Kirchgemeinde bewegen, verbunden. Andere nur mit einer einzigen. Die Ränder des Netzes fransen aus. Wer sich an den Rändern befindet, ist vielleicht nicht zuverlässig an jedem Anlass der Kirchgemeinde anwesend, ist aber deshalb nicht weniger, sondern vielleicht einfach anders interessiert. Wichtig ist in dieser Perspektive nicht mehr, wer sichtbar «dazugehört» und «Mitglied ist», sondern wer in Kontakt steht mit dem Zentrum und wie nah oder weit man davon entfernt ist. In den grösseren Kirchgemeinden gibt es zudem nicht nur ein Zentrum, sondern mehrere. Darum spricht man von «polyzentrischen Kirchgemeinden». Die Netzwerke um ein Zentrum herum bilden ein *centered set*, das bedeutet, eine auf das jeweilige Zentrum ausgerichtete Gruppe, deren Ränder nicht klar definiert sind. Dies tritt an die Stelle des *bounded set*, der klar abgegrenzten Gruppe, bei der man entweder dazugehört oder nicht.

Einen Wechsel im Selbstverständnis entsteht auch, wenn die einzelnen Angebote einer Gemeinde, die traditionellen und neuen Orte, als Knotenpunkte verstanden werden, die gemeinsam das kirchliche Netz eines Dorfs, einer Stadt, einer Region oder der gesamten Welt bilden. Entsteht Kirche da, wo Menschen über den Glauben sprechen, werden auch Orte zu Knoten, die nicht von der Kirche bespielt werden. →Anwendung II Diese Netzwerklogik hat zur Folge, dass Kirche nicht hierarchisch organisiert sein kann, sondern andere Arten der Leitung und Organisation nötig werden. →Tag 6

Tag 7 – Einführung
Vernetzung

«Das ist unsere Aufgabe»
In der *Story* vom ErliNet, *im Gespräch* mit Jana Weiss vom Ämtler-Tandem und mit Christoph Sigrist vom Grossmünster wird klar: Vernetzung ist nicht ein nettes Plus, sondern gehört grundlegend zur Kirche dazu. Denn nur so kann der Einsatz für die Armen, für die Schutzlosen, aber auch für alle anderen Menschen in der Gesellschaft gelingen. Glücken kann Vernetzung nur, wenn sie ein persönliches Anliegen ist: wenn das, was dahintersteckt, einem persönlich am Herzen liegt.

Die *Ideen zum Selbermachen* schlagen deshalb vor, das Dorffest als Vernetzungsmöglichkeit zu nutzen, sich aus der Kirche hinauszuwagen und dort das Gespräch mit Betroffenen und Politikerinnen und Politikern zu suchen. Wie passende Gelegenheiten dazu gefunden werden können, zeigt beispielsweise die Gesamtnetzwerkanalyse unter *Methoden* auf. Eine allgemeine Übersicht über das Netzwerk einer Kirchgemeinde kann mit der *Social Map* erarbeiten werden.

Tag 7 – Story
Freiwilligenkoordination in Erlenbach

Vernetzt denken und handeln

Jeder Verein sucht Freiwillige. Doch irgendwann sind die persönlichen Kontakte durchkämmt. Wie kann die Kirche helfen?

Tag 7 – Story
Freiwilligenkoordination in Erlenbach

Seit einigen Jahren finden in Erlenbach Personen, die sich freiwillig engagieren möchten, und Organisationen, die Freiwillige suchen, über eine Website zueinander: der Fussballverein, die «Chilbi», die Begleitung von Flüchtlingen, die Kinderfasnacht, das Turnen für alle, der Fahrdienst und natürlich auch die Kirche suchen und finden auf dem ErliNet Freiwillige. Mittlerweile gehört auch die Organisation von Nachbarschaftshilfe zum ErliNet. Nach etwas mehr als zwei Jahren wurden bereits fast 200 Freiwillige dank der Webseite vermittelt. Wie kam es zu dieser umfassenden Koordination im Dorf mit den gut 6000 Einwohnerinnen und Einwohnern?

Vernetzung von Beginn an

Die Website bietet, was sie verspricht: einen Willkommensgruss, eine kurze Newsmeldung und Inserate, mit denen Organisationen oder Einzelpersonen Freiwillige suchen, oder in denen Freiwillige benennen, wobei sie andere unterstützen könnten. Dazu eine übersichtliche Navigation und die Angabe einer Kontaktperson. «Die Auswahl der Kontaktperson ist zentral», so Regina Ehrbar (Sozialdiakonin). «Ein Grossteil der Arbeit ist ‹Eins-zu-Eins-Arbeit›. Ich mache dies gern. Ich bin im Dorf verankert, lebe seit 20 Jahren hier und engagiere mich in verschiedenen Vereinen. Meine Kinder gehen hier zur Schule und durch meine Arbeit im Familienzentrum kamen berufliche Kontakte dazu. Ich setze mein Netzwerk gern für die Arbeit ein, solange diese sinnvoll ist!»

Eingeleuchtet hat die Idee der Koordination bereits allen, als noch keine Website dazu eingerichtet war. Das Bedürfnis, die Freiwilligenarbeit im Migrationsbereich zu koordinieren ist der Ursprung der Entwicklung. Bald war der damaligen Initiantin klar: Es geht um mehr, nämlich um die Koordination der Freiwilligenarbeit insgesamt. Damit weitet sich der Blick. Es wird Kontakt mit allen Vereinen, Schulen und der politischen Gemeinde aufgenommen, um die Bedürfnisse abzufragen. «Dazu war es enorm wichtig, dass wir ein Team von Leuten beisammen hatten, die im Dorf in verschiedenen Milieus vernetzt sind: Immer wenn ein persönlicher Kontakt bestand, war es kein Problem ein

Tag 7 – Story
Freiwilligenkoordination in Erlenbach

234 Tag 7 – Story
Freiwilligenkoordination in Erlenbach

Tag 7 – Story
Freiwilligenkoordination in Erlenbach

solches Interview zu führen», so Regina Ehrbar. «Es gab auch ein paar Absagen und Rückfragen: Wieso mischt sich hier die Kirche ein?» Mehrheitlich aber sind die Reaktionen positiv. Beim anschliessend durchgeführten Workshop mit allen Interviewten haben die gut 25 Vertreterinnen und Vertreter der Vereine und Organisationen gesagt: Eine Koordination der Freiwilligenarbeit würde helfen, nicht immer an die gleichen Personen zu gelangen, sondern die Netze weiter spannen zu können.

Die Realisierung verläuft schnell: Vom Workshop zum Aufschalten der Website vergehen nur sechs Monate. Mit einem Konzept, dem Vorschlag eines überschaubaren Pilotprojekts über zwei Jahre und der Garantie, dass eine Person dafür verantwortlich ist, die bereits bekannt ist und über ein gutes Netzwerk im Dorf verfügt, werden die politische Gemeinde und die Kirchgemeinde überzeugt, je die Hälfte zu finanzieren. «Halbe-halbe» als faire Aufteilung der Kosten zwischen Staat und Kirche.

«Halbe-halbe» – war das schon immer so?
Wer für welche Aufgaben zuständig ist im Verhältnis zwischen Kirche und Staat, veränderte sich im Laufe der Jahrhunderte. Im Mittelalter hatte die katholische Kirche Aufgaben und Rechte, die heute dem Staat zukommen: ein eigenes Rechtssystem, ein eigenes Abgabesystem, die Verantwortung für das Zivilstandswesen, für die Fürsorge, für Bildung und Kultur. In den beiden Jahrhunderten vor der Reformation wurden die Staaten dann mächtiger – und in der Reformation sahen einige die Möglichkeit, sich von der starken katholischen Kirche zu distanzieren. In Zürich hat der Rat 1523 Ulrich Zwinglis Lehre offiziell anerkannt und die Stadt so reformiert. Damit erhielt die Stadt die Aufsicht über das Zivilstandswesen und die Armenfürsorge. Dank der Auflösung der Klöster waren die finanziellen Mittel dazu vorhanden. Der Rat erhielt zudem die Oberaufsicht über die kirchliche Organisation, die der staatlichen in den nächsten Jahrhunderten immer stärker angeglichen wurde, bis zum heutigen demokratischen System mit gewählten Vertreterinnen und Vertretern in Legislative (Synode) und Exekutive (Kirchenrat).

Tag 7 – Story
Freiwilligenkoordination in Erlenbach

Zwingli setzte sich mit dem Verhältnis von Kirche und Staat auch theologisch auseinander. Für ihn war die Vernetzung der beiden theologisch kein Problem. Dies, weil er überzeugt war, dass beide dem gleichen Ziel dienen: der Gerechtigkeit. Göttliche Gerechtigkeit zu erreichen und umzusetzen wäre das Ideal, doch sowohl für Christen als auch für Nichtchristen ist das unmöglich. Die Organisation der Gesellschaft braucht deshalb eine Krücke: die menschliche Gerechtigkeit. Sie ist von der göttlichen abgeleitet. Der Staat ist befugt, ja von Gott eingesetzt, die menschliche Gerechtigkeit durchzusetzen. Um vor Gottes Gericht aber bestehen zu können, reicht sie nicht aus. Da sind die Menschen abhängig von Gottes Gnade, die sich im Glauben zeigt. Darauf kann und darf der Staat keinen Einfluss nehmen. Wenn der Staat es versucht, dann darf man sich dagegen wehren. Im Umgang mit den Täufern zeigte sich, dass dieser Gedanke teilweise mehr Ideal als Realität war.

In der Schweiz haben die reformierten Kirchen in allen Kantonen mindestens eine «öffentliche» Anerkennung. Dies bedeutet, im staatlichen Recht ist festgehalten, dass die Tätigkeit der Kirche von öffentlichem Interesse ist. In den meisten Kantonen sind Staat und Kirche aber noch enger verbunden. Dass es Lösungen gibt wie in Erlenbach, wo für eine Tätigkeit von öffentlichem Interesse (die Koordination der Freiwilligenarbeit) sowohl die politische als auch die Kirchgemeinde sich hälftig beteiligen, ist also nicht erstaunlich.

Herzblut und Kontakte

«Niemand erwartet eine professionelle und hundertprozentig pfannenfertige Lösung gleich zu Beginn», sagt Regina Ehrbar. Hier hat die Kirche dem Staat vielleicht etwas voraus: den Goodwill der Bevölkerung, der natürlich auch damit zusammenhängt, dass beim ErliNet die meisten Personen von der Nützlichkeit des neuen Tools von Beginn an überzeugt waren. Zudem ist die Sozialdiakonin eine wandelnde Werbefläche: «Es geschieht oft, dass mich in der Migros jemand anspricht und nach der Freiwilligenarbeit fragt, oder dass Personen sich zuerst bei mir melden

Tag 7 – Story
Freiwilligenkoordination in Erlenbach

Tag 7 – Story
Freiwilligenkoordination in Erlenbach

und wissen wollen, was es heisst, sich freiwillig zu engagieren. Häufig sind dies Menschen, die neu nach Erlenbach oder sogar neu in die Schweiz gezogen sind und Kontakte suchen.» Die Arbeit vernetzt damit nicht nur die Kirchgemeinde mit den Vereinen und Organisationen vor Ort, sondern auch die Bewohnerinnen und Bewohner untereinander. Dies geschieht auch mit dem Freiwilligenfest, das einmal im Jahr stattfindet für alle Personen, die sich – ob durchs ErliNet vermittelt oder nicht – irgendwo freiwillig engagieren.

Die Kontakte, die Regina Ehrbar auf verschiedenste Weise sammelt, pflegt sie auch. Sie fragt bei den Vereinen nach und versucht sie bei Schwierigkeiten zu unterstützen. «Vernetzung hat hohe Priorität bei mir, denn Netzwerke öffnen Türen.» So funktioniert auch in Krisensituationen wie zu Beginn der Corona-Pandemie 2020 die schnelle und koordinierte Reaktion dank den bestehenden Kontakten mit dem Gemeindepräsidenten und dem Gemeindeschreiber. «All das gelingt aber nicht, wenn zu wenige Ressourcen da sind, wenn die Bereitschaft in der Kirchenpflege fehlt oder wenn es den ausführenden Personen an Herzblut mangelt. Es muss einiges stimmen, doch wenn es klappt, wird man mehrfach belohnt!» Das Herzblut für das Projekt ist bei Regina Ehrbar auch nach dem Pilotprojekt spürbar. Darum freut sie sich über die Weiterführung und tüftelt bereits an weiteren Verbesserungen für das ErliNet.

«Em Zwingli lupft's de Huet»

Es müssen ja nicht gleich ein Dutzend überlebensgrosse Zwingli-Figuren aus Polyester sein – dann lässt sich das Budget für ein solches Projekt bedeutend reduzieren. Doch die Idee hinter den Figuren zeigt, was Vernetzung ermöglicht: Zum Reformationsjubiläum 2019 wurde die drei Meter hohe Zwingli-Statue, die vor der Wasserkirche in Zürich steht, mehrfach aus Polyester reproduziert. Diese Figuren wurden überall in der Stadt aufgestellt und so lernte Zwingli «seine Stadt» 500 Jahre nach seinem ersten Wirken wieder kennen.

Bei seinen Besuchen ging es immer um die Frage, wo es ihm *de Huet lupft*, oder anders gesagt, was es heute zu reformieren gäbe in Kirche und Gesellschaft. Dies wurde bei den «Zwingli-Gesprächen» zwischen Vertreterinnen und Vertretern der Kirche und der jeweiligen Quartiere diskutiert. Dazu wurden die Figuren entsprechend angepasst. So trugen sie statt einem Schwert diverse passende Accessoires: einen Hammer in Oerlikon, dem Standort der ehemaligen Maschinenfabrik MFO, oder ein Schild zur Wohnungssuche im Kreis 6, wo die Wohnungspreise unaufhaltsam steigen.

«Dieses Projekt zeigt den Kern dessen, was ich unter Gemeindeentwicklung verstehe», sagt Christoph Sigrist (Pfarrer), der für die Ausgestaltung verantwortlich war. «Das Gespräch der unterschiedlichen zivilgesellschaftlichen Player darüber, was gut läuft und wo es Veränderung bräuchte – und der Verkauf der Figuren, um Geld für das Spendenparlament zu generieren. So bleibt es nicht beim Gespräch, sondern das erzeugte Geld fliesst über das Spendenparlament direkt in soziale Projekte in den Quartieren.»

Ein sichtbarer Anhaltspunkt, ein Gespräch mit betroffenen Personen unterschiedlicher Perspektiven vor Ort an einem sozialen Brennpunkt, Berichte in den lokalen Medien und die Willigkeit, dem Gespräch Taten folgen zu lassen: Diese Zutaten können auch andernorts zu gelingender Vernetzung, Zusammenarbeit und Gemeindeentwicklung führen.

Ideen zum Selbermachen

Das Albanimahl am Freiluftgottesdienst

Das Albanifest in Winterthur hatte vom Mittelalter bis ins 18. Jahrhundert an den Erhalt des Stadtrechts erinnert. Gefeiert wurde es in der Kirche mit einem Gottesdienst, mit Wahlen und einem geselligen Mahl. Im 18. Jahrhundert fiel die Feier wegen fehlender Finanzen weg. In den 1970er-Jahren wurde das Albanifest als Volks- und Stadtfest wieder ins Leben gerufen. Ein gemeinsames Albanimahl aber fehlte.

Dies änderte 2011, als sich Vertreterinnen und Vertreter der reformierten, der katholischen und christkatholischen Kirchen sowie von Freikirchen zusammentaten. Sie wollten die Tradition von Gottesdienst und Albanimahl wieder aufleben lassen. Von Anfang an nahmen sie Kontakt auf mit dem Albanifest-Komitee. Beim ersten Open-Air-Gottesdienst sprach der Präsident des Komitees ein Grusswort. Die lokale Zeitung titelte: «Zum Gottesdienst ans Albanifest.»

Die Einladung zum Gottesdienst findet sich im offiziellen Festführer, der in alle Haushalte der Stadt und Region verteilt wird. Auch mit der Stadtgärtnerei ist eine Zusammenarbeit nötig: Mittlerweile findet der Gottesdienst auf einer grossen städtischen Wiese statt, gleich neben dem Festareal. Eine kleine lokale Eventfirma kümmert sich um die technischen Angelegenheiten, ein Baugeschäft um die Holzplattform für das Ad-hoc-Instrumentalensemble bestehend aus Laienmusikern und -musikerinnen. «Dazu kommen viele Freiwillige, die Tische und Bänke aufstellen, sie schmücken, Liedblätter verteilen und beim Austeilen des Albanimahls von Brot, Käse, Wein und Wasser helfen», erzählt Markus Vogt (Pfarrer), der die letzten zehn Jahre für die Organisation verantwortlich war. Von Mal zu Mal braucht es mehr von ihnen, weil die Zahl der Besuchenden stetig wächst: mittlerweile sind es jeweils 400–500 Personen.

Das Albanifest ist in der Schweiz einzigartig, kleinere oder grössere Dorf- und Stadtfeste gibt es aber vielerorts. Sie bieten für Kirchgemeinden vielfältige Möglichkeiten, sich zu vernetzen und Teil des gemeinsamen Feierns zu werden, ein Freiluftgottesdienst ist ein Beispiel dafür.

Tag 7 – Im Gespräch
Grossmünster – Netzwerkpflege als Werkzeug

«Mittagessen sind das Schmiermittel der Netzwerkarbeit.»

Christoph Sigrist ist seit über dreissig Jahren Pfarrer: Seine erste Stelle war in Stein SG, seit 2003 ist er Pfarrer am Grossmünster in Zürich. Er hat den Weg von Zwingli aus dem Toggenburg nach Zürich verfolgt und beruft sich in der Reflexion seiner Arbeit immer wieder auf den Reformator. Mit Engagement setzt er sich ein für die Verkündigung des Evangeliums in Wort und Tat.

Tag 7 – Im Gespräch
Grossmünster – Netzwerkpflege als Werkzeug

Man kennt Sie in der Kirche als Netzwerker. Ist das auch Ihre Wahrnehmung?

Christoph Sigrist Schlüsselerlebnis war mein Einstieg ins Pfarramt in Stein im Toggenburg. Mit 25 wurde ich dort Pfarrer. In der ersten Woche wurde ich vom Gemeindepräsidenten eingeladen. Er sagte mir: «Du kannst nicht Pfarrer sein in diesem Dorf, ohne dass wir ein Vertrauensverhältnis aufbauen!»

Was haben Sie mit dieser Ansage gemacht?

CS Das war die Initialzündung zur Entwicklung meines Verständnisses von Gemeindeentwicklung: 1) Kirchgemeindeentwicklung ist nicht ohne den Sozialraum denkbar. 2) Das Pfarramt ist ein politisches Amt, weil ich als Pfarrer mit den Menschen im Gemeinwesen zu tun habe. «Politisch» also mit Blick auf die *polis*, das Gemeinwesen. Und 3) wurde Vernetzungsarbeit für mich ein Werkzeug, um das, was ich am Sonntag predige, am Montag in der Gemeinde leben zu können.

Wie lässt sich das Werkzeug anwenden?

CS Das Netzwerk ist weder Selbstzweck noch reine Freude, Profit oder Werbung für die Kirche. Das Ziel der Netzwerkarbeit ist die «Option für die Armen». Sie ist die theologische Kompassnadel der Vernetzung.

Warum setzen Sie dieses Ziel?

CS Dieses Ziel sehe ich in den Seligpreisungen «Selig sind die Armen» genannt – und in meinem Ordinationsgelübde, dem ich zu entsprechen versuche. Zudem gab es in der Reformation einen Perspektivenwechsel: Der Blick geht nicht mehr zum Himmel, sondern zum Nächsten «im Seich». Wenn ich verkünde, dass Gott bei den Schwächsten ist, ist es Auftrag der Kirche, für sie einzustehen. Dann muss ich auch politische Prozesse hinterfragen, die Ungleichheit schaffen. Ich brauche Geld, um ihnen unter die Arme zu greifen. Zwingli hat dies bereits 1525 bei der Einführung der neuen Sozialordnung gesehen.

Was bedeutet das für die Praxis?

CS Wenn sichtbar ist, dass mein Einsatz den Schwächsten gilt, stosse ich auf grosses Verständnis in allen Milieus. Auch Menschen, die nicht Mitglieder sind, steuern Geld bei, wenn das Projekt überzeugt. Es geht nicht darum, für die Kirche zu weibeln, sondern für die Schwächsten.

Netzwerkpflege ist für Sie also ein strategisches Werkzeug?

CS Ja, und das seit dreissig Jahren. Immer da, wo ich neu anfange als Pfarrer, baue ich ein Netzwerk auf, damit ich für jede Fragestellung, bei der es um die Schwächsten geht, meine Vertrauenspersonen habe. Das sind Schlüsselpersonen aus Gesundheitswesen, Wirtschaft, Migrationsbereich usw. Und dann habe ich natürlich auch ein grundsätzliches Interesse am Menschen.

Und wie bauen Sie Ihr Netzwerk ganz konkret?

CS Zum Beispiel habe ich seit dreissig Jahren das Mittagessen als «Berufungsessen» gebraucht. Mit den Leuten zu essen ist das Schmiermittel der Netzwerkarbeit: Das Leben teilen, das ist Netzwerken, darauf muss Gemeindeentwicklung aufbauen.

Wie behalten Sie das Feuer für diese Arbeit?

CS Ich reflektiere meine Arbeit seit zwanzig Jahren mit der Dozentur für Diakoniewissenschaft an der Universität Bern. Zudem habe ich seit dreissig Jahren eine Supervision. Und drittens habe ich vom lieben Gott unglaublich viel Energie bekommen. Und Humor. Mein Referenzrahmen für Gemeindeentwicklung sind Don Camillo und Peppone. Es braucht beide: den Pfarrer und den Gemeindepräsidenten.

Tag 7 – Im Gespräch
Knonauer Amt – Einbindung vor Ort

«Das persönliche Netzwerk unserer Freiwilligen ist enorm wichtig, um neue Freiwillige zu gewinnen.»

Dem Bezirk Affoltern wurden 2015 im Zug der «Flüchtlingswelle» 150 Flüchtlinge zugeteilt. Dies löste eine grosse Solidarität in der Bevölkerung aus. Für Jana Weiss (Sozialdiakonin) war klar: «Hier muss die Kirche handeln. Das ist unsere Aufgabe.» Daraus entstand das Projekt Ämtler Tandem: Freiwillige und Menschen mit Migrationshintergrund bilden ein Tandem, um die Integration zu erleichtern.

Tag 7 – Im Gespräch
Knonauer Amt – Einbindung vor Ort

Wie wird aus einer guten Idee Wirklichkeit? Was braucht es dazu?

Jana Weiss Die damalige Sozialdiakonin hat sofort den Sozialdienst der politischen Gemeinde angesprochen. Sie fanden die Idee gut, waren aber zurückhaltend mit Finanzen. Auf einer Infoveranstaltung für interessierte Personen aus der Bevölkerung wurde die Idee vom Tandem vorgestellt. Zwanzig Personen haben an diesem Abend verbindlich ihre Mithilfe zugesagt. Zwei Drittel dieser Personen sind auch nach fünf Jahren noch mit dabei. Die Idee hatte also von Anfang an Unterstützung: Ideelle von der politischen Gemeinde und tatkräftige von den Freiwilligen.

Das heisst, das Geld kam von der Kirche?

JW Für die ersten zwei Jahre stimmt das. Wir konnten alle 13 Kirchgemeinden im Bezirk gewinnen. Die Koordination und Begleitung der 50–55 Tandems jährlich ist eine grössere Aufgabe. Darum wurde eine neue 30 %-Diakonie-Stelle geschaffen, die ich innehabe. Die Hälfte der Kosten wurde in der Pilotphase von der Landeskirche getragen, die andere Hälfte von den Kirchgemeinden. In dieser Zeit erkannten die politischen Gemeinden den Wert der Arbeit, sodass die meisten – ab 2022 alle – einen Beitrag leisten und so die Hälfte der Stelle finanzieren.

Was bedeuten diese Tandems für die geflüchteten Personen?

JW Wir versuchen immer, Freiwillige aus dem Dorf zu finden, in dem die Personen wohnen. Denn es ist uns ein Anliegen, dass es beim Tandem nicht nur um Fragen geht wie: «Was ist ein Waschplan?», sondern auch um die Integration im Dorf. Die geflüchteten Personen sollen vom Netzwerk der Freiwilligen im Dorf profitieren können. Das gelingt sehr gut. Die Beziehungen sind häufig langjährig und bestehen auch nach der Beendung der offiziellen Tandems weiter. Und über die Freiwilligen vor Ort kommen wir oft auch wieder zu neuen Freiwilligen.

Vernetzung findet auch zwischen der Kirchgemeinde und politischen Gemeinden oder weiteren Organisationen statt. Merken Sie einen Effekt des Projekts auf Ihre Arbeit insgesamt?

JW Ja, das sehe ich in meiner Arbeit Tag für Tag. Ich arbeite als Sozialdiakonin auch an anderen Projekten und merke, wie hilfreich es ist, wenn man mich kennt. Durch das Ämtler Tandem kenne ich zum Beispiel einige Gemeinderäte. Wenn ich etwas brauche, beispielsweise für den Besuchsdienst, erhalte ich Unterstützung. Es ist wichtig, dass wir nicht isoliert handeln, sondern «rausgehen» und uns mit anderen Stellen, die an den gleichen Themen arbeiten, vernetzen und von ihrer Perspektive profitieren.

Teilweise entsteht dadurch auch Neues. Ich bin angefragt worden, ein Projekt aufzubauen, das ans Ämtler Tandem anschliesst: ein Arbeitsintegrationszentrum für Menschen mit Fluchthintergrund. Hier wollen wir u. a. auch mit dem lokalen Gewerbe zusammenspannen.

245 Tag 7 – Methode
Einführung

Netzwerkanalyse

Die sozialwissenschaftliche Netzwerktheorie stellt zwei Werkzeuge zur Darstellung und Analyse des sozialen Miteinanders zur Verfügung: die egozentrierte Netzwerkanalyse aus der Perspektive einer einzelnen Person oder Organisation →*Social Map* und die Gesamtnetzwerkanalyse, bei der Beziehungen zwischen mehreren Einheiten im Zentrum stehen →Gesamtnetzwerkanalyse.

Beide Werkzeuge können vorhandene Netzwerke sichtbar machen und bewerten helfen, sodass daraus für die weitere Vernetzungsarbeit gefolgert werden kann.

Tag 7 – Methode
Netzwerkanalyse – Social Map

Mit wem steht die Kirchgemeinde in Kontakt?

Die Landkarte der Vernetzung bietet einen visuellen Überblick über die Vernetzungspartner und Vernetzungspartnerinnen der Kirchgemeinde. Sie zeigt auf, was unter einer Kirche als *centered set* und als Playerin in der Gesamtgesellschaft im Gegensatz zur reinen Mitgliederorientierung verstanden wird. →Einleitung

I. Die Landkarte

Die Kirchgemeinde steht im Zentrum der zu zeichnenden Landkarte. Darum herum sind drei konzentrische Kreise angeordnet, welche die Verbundenheit der Personen oder Organisationen zur Kirchgemeinde anzeigen: Je näher am Zentrum, desto enger sind die Verbindungen. Die Kreise werden in mehrere Kuchenstücke unterteilt, die für Themen stehen. Entlang dieser Themen soll die Vernetzung sichtbar gemacht werden. Für eine generelle Bestandsaufnahme der Vernetzung einer Kirchgemeinde bietet es sich an, die Kreise entlang der vier Handlungsfelder zu unterteilen:

① Verkündigung und Gottesdienst
② Diakonie und Seelsorge
③ Bildung und Spiritualität
④ Gemeindeaufbau und Leitung

Die Methode kann aber auch verwendet werden, um thematische Vernetzungen sichtbar zu machen: Mitwirkende beim lokalen Jugendtreff, wichtige Partner für das Projekt «Grüner Güggel» →Tag 4 oder in der strategischen Stossrichtung *Caring Communities*. →Anwendung

Tag 7 – Methode
Netzwerkanalyse – Social Map

II. Darstellung der Beziehungen (Ist-Landkarte)

Nun wird als Erstes der Istzustand auf der Landkarte abgebildet: Mit welchen Personen oder Organisationen ausserhalb der Kirchgemeinde bestehen Beziehungen? In welchem der vier Handlungsfelder werden diese Beziehungen relevant? Wie eng sind die Beziehungen? Welche Personen aus der Kirchgemeinde unterhalten sie? Sind es formelle oder informelle Beziehungen?

III. Bewertung und Folgerungen für die Zukunft (Soll-Landkarte)

Die Bewertung der bestehenden Beziehungen kann aufgrund der herausgearbeiteten Warum-Erklärung aus dem *Golden Circle* →Tag 1 geschehen: Dienen die Beziehungen zur Erfüllung der Mission? Welche Beziehungen müssen dafür verstärkt werden? Welche sind nicht hilfreich und können eingestellt werden? Welche Personen oder Organisationen müssten neu angesprochen werden, damit die Warum-Erklärung besser erfüllt werden kann?

Tag 7 – Anwendung I
Netzwerkanalyse – Social Map

Wie sieht die Landkarte der Vernetzung deiner Kirchgemeinde aus?

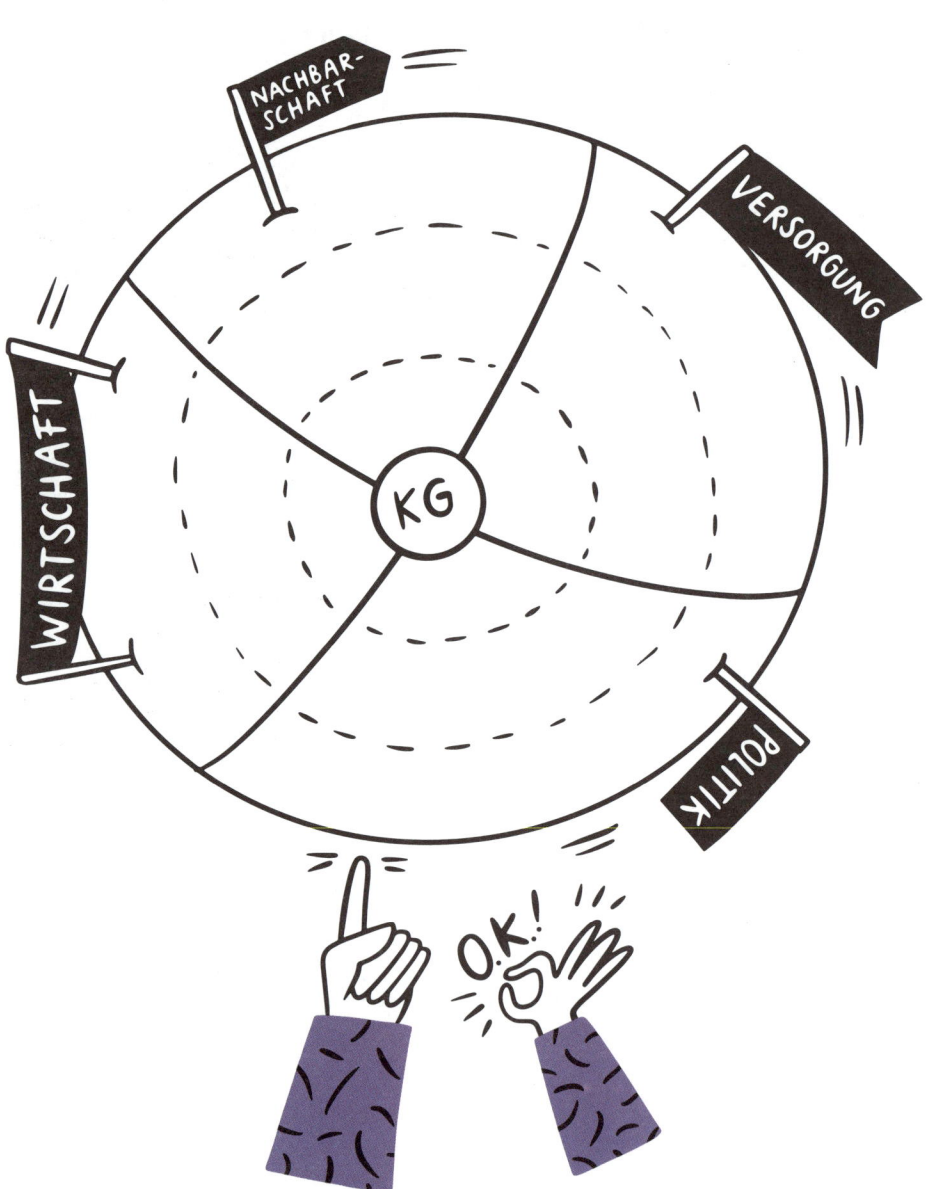

Tag 7 – Anwendung I
Netzwerkanalyse – Social Map

Ziel
Die Behörden und Mitarbeitenden identifizieren die bestehenden Knotenpunkte zum Thema *Caring Communities* (sorgende Gemeinschaften). Sie nutzen die Landkarte als Werkzeug für die Weiterentwicklung der strategischen Stossrichtung *Caring Communities*.

Vorbereitung
Male drei konzentrische Kreise gross auf einen Flipchart und teile sie in Kuchenstücke auf. Beschrifte diese mit Nachbarschaft, Versorgung, Politik, Wirtschaft. Bitte alle Mitdenkenden, eine Liste von Personen oder Organisationen vorzubereiten, die bei der Entwicklung von *Caring Communities* wichtige Mitwirkende sind. Lass sie zudem eine zweite Liste erstellen mit den Namen derjenigen, mit denen sie bereits in Kontakt stehen.

Durchführung
Stellt an einer Sitzung die Listen der bestehenden und weiteren Partnerschaften zusammen (Ist-Landkarte). Haltet neben den Partnern und Partnerinnen die Gelegenheiten fest, bei denen ihr mit ihnen in Kontakt seid (beispielsweise Runder Tisch, Verein, informelles Mittagessen, Seniorenausflug usw.). Visualisiert die Zusammenarbeit auf den Kreisen. Personen oder Organisationen, die wichtig für den Schwerpunkt *Caring Communities* sind, mit denen ihr aber noch keinen Kontakt habt, notiert ihr ausserhalb der Kreise.

Tag 7 – Anwendung I
Netzwerkanalyse – Social Map

Auswertung

Entscheidet mit Blick auf eure Warum-Erklärung des *Golden Circle* →Tag 1 und eurer strategischen Stossrichtung *Caring Communities*, welche Vernetzungen ihr stärken und welche ihr nicht fortführen möchtet. Überlegt euch, mit welchen Partnerinnen und Partnern eine zusätzliche Zusammenarbeit sinnvoll wäre (Soll-Landkarte).

Ideen für die Vernetzung im Bereich *Caring Communities:*

○ *Nachbarschaft:* Quartiervereine, Nachbarschaftsinitiativen, Mehr-Generationen Projekte, Gemeinschaftszentren, Kinder-, Jugend-, Frauen-, Männertreffpunkte, Kreativinitiativen wie Nachbarschaftschöre, Musikgruppen, Sportvereine und informelle Sportgruppen, Wandergruppen, Bastel- und Werkgruppen, Leseräume, Gemeinschaftsgärten, Dorfcafé
○ *Versorgung:* Sozialdienste, Beratungsstellen, Schuldnerberatungen, Pflegedienste und Beratung von Spitex, Pro Senectute oder Pro Juventute, Hilfswerke, Ärzte, Psychotherapeutinnen, Hebammen, Feuerwehr und Polizei
○ *Politik:* Gemeindepolitiker, Mitwirkende aus der Gemeindeverwaltung (Stadtentwicklung/Bauplanung, Wirtschaftsförderung, Verkehrsplanung, Gesundheit und Soziales), Initiativen zur Nahraumplanung oder Quartierentwicklung
○ *Wirtschaft:* Persönlichkeiten aus der Wirtschaft, Nahversorgungsanbieter (beispielsweise Volg, Hofläden), Handwerksbetriebe, kleine und mittlere Unternehmen, Einzelhandel, bäuerliche Betriebe, Dienstleistungsanbietende

Tag 7 – Methode
Netzwerkanalyse – Gesamtnetzwerkanalyse

Wie stehen Einzelne zueinander in Beziehung?

Die Analyse eines Gesamtnetzwerks legt den Fokus nicht auf das Netzwerk einer Akteurin, sondern auf alle Beziehungen in Bezug auf ein Thema und die betreffenden Kontaktgelegenheiten. Statt einer einzigen Person/Organisation werden alle Personen einer abgegrenzten Gruppe befragt, um die Beziehungen untereinander beschreiben zu können. Die Gesamtnetzwerkanalyse betrachtet das soziale Miteinander und die Kommunikation einer sozialen Einheit unter einer bestimmten Perspektive (beispielsweise das Gespräch über religiöse Inhalte in einer Kirchgemeinde). Sie visualisiert die Beziehungen und macht damit Erwartetes und Unerwartetes gleichzeitig deutlich. Im Anschluss können gezielte Interventionen folgen, um auf das Netzwerk einzuwirken.

I. Fragen und Befragte

Als Erstes wird der Umfang der Gruppe begrenzt, die im Rahmen der Analyse befragt wird: Sind es die Konfirmandinnen und Konfirmanden eines Jahrgangs, die Gottesdienstbesucherinnen und -besucher eines bestimmten Sonntags oder die Freiwilligen der Kirchgemeinde?

In einem zweiten Schritt wird festgehalten, was Thema der Befragung ist. Am Beispiel einer Jugendgruppe könnte dies das Thema «Sinn des Lebens» sein. Daraufhin wird ein Frageraster ausgearbeitet, mit dessen Hilfe die Kommunikationsbeziehungen erfasst werden können. Hilfreich für die Befragten ist es, den angesprochenen Fragezeitraum zu begrenzen (beispielsweise «Mit wem hast du *in den letzten sechs Monaten* über Sinnfragen gesprochen?»).

Tag 7 – Methode
Netzwerkanalyse – Gesamtnetzwerkanalyse

II. Darstellung der Ergebnisse

Für eine Gruppe aus wenigen Personen kann die Darstellung von Hand geschehen. Die Auswertung grosser Gruppen geschieht üblicherweise elektronisch.

Die Auswertung kann sich dabei an verschiedenen Gesichtspunkten orientieren – je nachdem, welchen Schwerpunkt man setzen möchte:

① Die Personen, die mit den meisten Personen in Kontakt stehen, bilden das Zentrum, darum herum werden die anderen angeordnet und jeweils mit entsprechenden Pfeilen verbunden.

② Es ist möglich, beispielsweise Orte genauer zu betrachten, an denen besonders oft über das entsprechende Thema gesprochen wird (beispielsweise die Schule, Zuhause, die Kirche).

III. Folgen für die Kirchgemeinde erarbeiten

In einem dritten Schritt lassen sich die Ergebnisse interpretieren, sodass konkrete Schritte erarbeitet werden können. Was bedeutet es zum Beispiel, dass im Konfirmationsalter Unterhaltungen über Sinnfragen nicht im Unterricht, sondern vornehmlich auf dem Fussballplatz stattfinden? Und was bedeutet es für die Gestaltung des Konfjahres, dass die Konfirmandinnen und Konfirmanden dreimal häufiger mit den Jungleitenden über das Thema sprechen als mit der Pfarrperson?

Tag 7 – Anwendung II
Netzwerkanalyse – Gesamtnetzwerkanalyse

Was macht die Religion im Babyschwimmen?

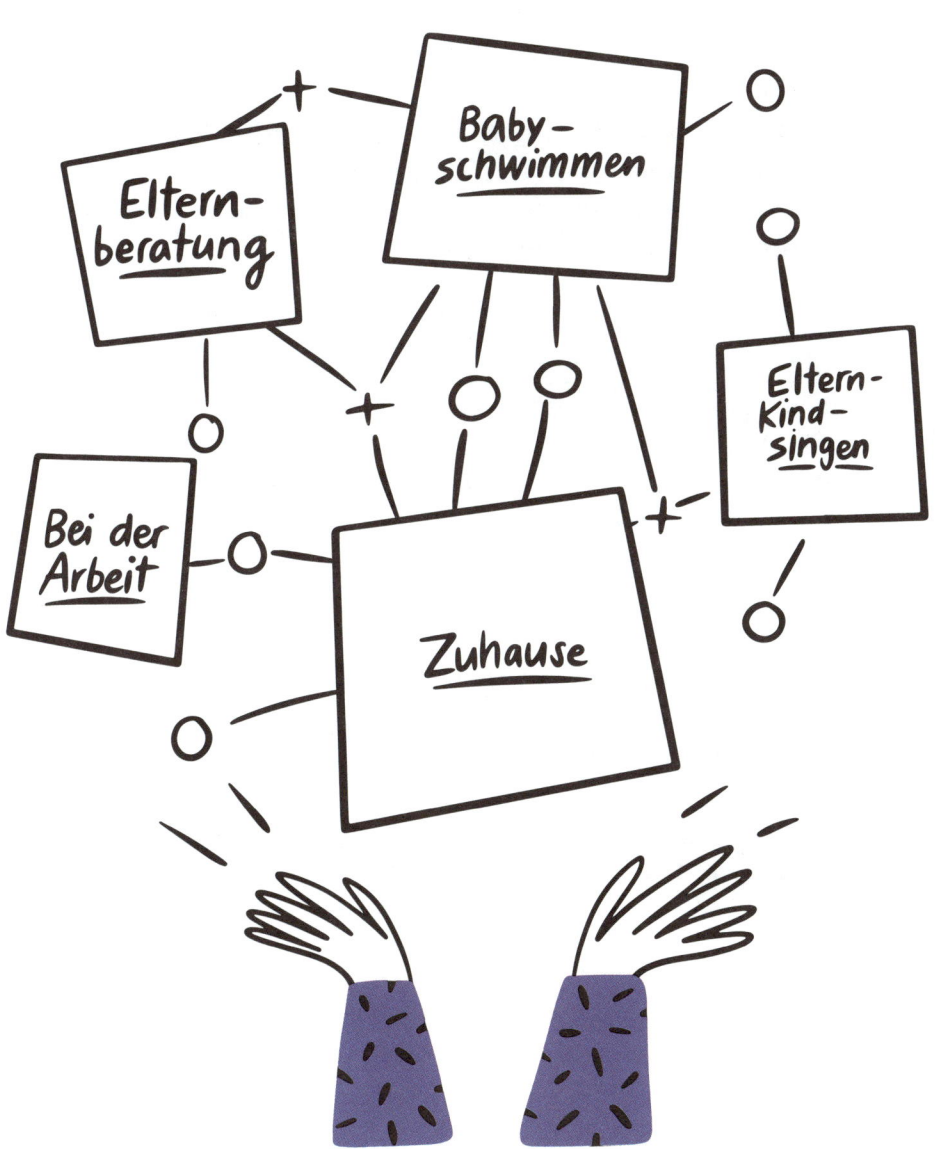

Tag 7 – Anwendung II
Netzwerkanalyse – Gesamtnetzwerkanalyse

Ziel
Die Mitarbeitenden und Behörden der Kirchgemeinde möchten wissen, wo und mit wem Eltern, die regelmässig das Eltern-Kind-Singen besuchen, über religiöse Themen sprechen. Sie gestalten das Eltern-Kind-Singen so, dass es zu einer Gelegenheit für das Gespräch über diese Themen wird.

Vorbereitung
Erarbeitet eine Liste der Personen, die ihr befragen möchtet. Arbeitet einen Fragebogen aus. Er beinhaltet Fragen zur Person (Name, Geschlecht, Alter, Anzahl Kinder und deren Alter) sowie Fragen zum entsprechenden Thema:

- ⊙ Mit welchen Personen (Funktion und Beziehung) haben Sie sich in den vergangenen drei Monaten über religiöse Themen ausgetauscht?
- 💡 *Religiöse Themen können beispielsweise sein: der Tod, der Anfang des Lebens, Glaube, der Sinn des Lebens, Schuld, Werte wie Gerechtigkeit oder Frieden, die Natur*

- ⊙ Bei welchen Gelegenheiten bzw. wo fand dieser Austausch statt?
- 💡 *Beispiele: Zuhause, in der Nachbarschaft, in der Schule, beim Spazieren, im Eltern-Kind-Singen, bei der Arbeit, im Verein, beim Babyschwimmen*

- ⊙ Wo kommen Sie sonst in Kontakt mit religiösen Themen?
- 💡 *Beispiele: Nachrichten, Social Media, Werbung, Arbeit*

Tag 7 – Anwendung II
Netzwerkanalyse – Gesamtnetzwerkanalyse

Durchführung

Befragt die Personen auf eurer Liste und haltet ihre Antworten schriftlich fest. Tragt die Antworten dann zusammen unter dem Aspekt, der euch interessiert.

Beispiel «Gelegenheiten»:

- ⓘ Welche Gelegenheiten werden am häufigsten genannt?
- 💡 *Stellt diese in der Mitte mit einem grossen Quadrat dar. Je weniger häufig die Nennung, desto entfernter und kleiner werden die Quadrate.*

- ⓘ Wer hat bei welchen Gelegenheiten über religiöse Themen gesprochen?
- 💡 *Setzt ein Kreuz für die Männer und einen Kreis für die Frauen ein und verbindet sie mit den jeweiligen Gelegenheiten.*

Auswertung

Wie interpretiert ihr die erarbeitete Darstellung? Was folgt daraus für eure Arbeit?

Im Beispiel stellt sich heraus, dass beim Babyschwimmen im örtlichen Hallenbad Eltern am häufigsten religiöse Themen ansprechen. Mit diesem Wissen kann weitergefragt werden: Sind da die Eltern unter sich? Oder hat es damit zu tun, dass das Babyschwimmen ausserhalb der Arbeitswoche stattfindet?

Je nach Interpretation der Ergebnisse lassen sich Folgerungen für die Gestaltung des Eltern-Kind-Singens ziehen: zum Zeitpunkt, zur Thematik, zur Frage, ob den Eltern ermöglicht werden soll, ohne die Kinder einen Kaffee zu trinken usw.

Tag 7 – Anwendung II
Netzwerkanalyse – Gesamtnetzwerkanalyse

 **Für Methodenmuffel**
Triff dich in den nächsten drei Monaten jede Woche mit einer anderen Person zum Mittagessen – um eine für die Kirchgemeinde wichtige bestehende Vernetzung zu stärken oder um eine neue aufzubauen.

Register

A
Achtsamkeit ... 172, 216
Appreciative Inquiry ... 84, 88, 100–105

B
Begegnung ... 130, 166
Behörde ... 88
Beteiligungskirche ... 8, 18, 22
Beziehung ... 19, 61, 137, 160, 169, 170, 191, 251, 254
Bibel ... 26, 94, 124, 153–154, 192–193

C
Charismen ... 161, 212
Coach ... 132, 168, 177
Community ... 36, 168
Cynefin ... 194, 217–220

D
Design Thinking ... 100
Dienstleistungskirche ... 8, 18
digital ... 53
Diversität ... 17

E
Entscheidung ... 124, 184–185, 199
Evangelium ... 8, 38, 51, 62, 95, 115

F
Familie ... 33, 36, 77, 96, 169, 170
Fehlerkultur ... 194, 208
Finanzen ... 25, 114, 116–117, 133–134, 137, 168, 202–203, 216, 240, 244
Förderverein ... 25
Freiheit ... 36, 66, 132
freiwillige Mitarbeitende ... 154
Fundraising ... 117, 128

G
Gaben ... 24, 124, 132, 161, 212
Geist ... 24, 100, 161
Geld ... 25, 38, 40, 74, 98, 115, 117, 120, 124, 126, 128, 136, 239, 242, 244
gemeinsame Leitung ... 196, 199, 210
Gemeinschaft ... 18, 36, 52, 58, 62, 96, 107, 115, 124, 158, 165, 167, 203–204, 206, 220
Geschäftsleitung ... 193
Golden Circle ... 19, 37–46, 247, 250
Gottesdienst ... 17, 18, 30, 33, 36, 42, 83, 96, 100, 120, 164, 165, 180, 186, 202, 215, 240, 246

I
Innovation ... 53, 168, 180, 212

J
Jugendliche ... 22, 64, 160, 172, 178, 194, 204, 207
junge Erwachsene ... 22, 158, 160, 194

K
Kirchenpflege ... 24, 30, 32–33, 88, 91, 95, 100, 123–124, 126, 129, 133–134, 139, 144–145, 158, 160, 162, 177, 192–193, 196, 199, 200, 202–203, 213, 215, 238
KirchGemeindePlus ... 8, 9
Kommunikation ... 8, 22, 24, 42, 130, 134, 142, 155, 193, 203, 228, 251
Konsent ... 155, 168, 180, 185
Kontext ... 10–12, 17, 26, 53, 61, 124, 136, 212
Kreativität ... 28, 53, 66

L

Lebenswelt ... 22, 62, 75, 77–78, 84
Leitung ... 100, 116, 136, 154, 174, 175, 178, 179, 191–196, 199, 200, 202, 205, 206–207, 210–213, 215, 217, 220, 228, 246

M

Migration ... 71, 168
Milieu ... 22, 32, 50
Mission ... 17, 37, 40, 92, 192, 247
Mitglieder ... 8, 32, 36, 38, 62, 74, 91, 115, 124, 136–137, 162, 191, 199, 208, 210, 242
mixed economy ... 18, 22

N

Neubaugebiet ... 53, 67

O

Open Space ... 181–183
Organisation ... 29, 37–38, 39, 40, 62, 87, 91, 101–104, 115, 144, 153, 191–192, 194, 202, 211–213, 220–221, 228, 232, 235, 236, 240, 245, 251

P

Partizipation ... 62, 153, 158, 160, 165, 167, 168, 170, 172–185, 186
Personal ... 32, 111, 114, 134, 136, 140–148, 202
Pilotphase ... 244
Pilotprojekt ... 238
Priestertum aller Getauften ... 153
Profil ... 16, 22, 98, 100, 140
Prototyp ... 180

Q

Quartier ... 34, 50, 56, 68–69

R

Regionalisierung ... 97

S

Selbstorganisation ... 175
Sozialraum ... 18, 50, 53, 69–75, 82, 84, 141, 168, 242
Soziokratie ... 155, 168
Spiritualität ... 52, 56, 66, 74, 77, 141, 168
Sprache ... 7, 18, 26, 42, 51, 53, 141
Stadtentwicklung ... 67, 69, 250
Strategie ... 82–83, 88, 91, 94, 98, 104, 116, 168, 179, 196
strategisch ... 179

T

Team ... 9, 10, 32, 36, 56, 58, 61, 83, 104, 132, 141, 145, 147, 158, 160–162, 164, 166, 168, 178–179, 203–204, 206, 215–216, 232

U

Umwelt ... 12, 30, 61, 114, 116, 127, 137

V

Verkündigung ... 38, 42, 52, 116, 153, 154, 192, 202, 212, 241, 246
Vielfalt ... 9, 14, 17, 18, 24, 26, 28, 30, 34–35, 40, 51–53, 58, 62, 74, 83, 95, 228
Vision ... 18, 22, 34, 82–83, 85, 88, 92, 94, 97–99, 104, 168, 199, 215

W

Warum-Erklärung ... 19, 24, 38–40, 42, 43, 45, 83, 104, 116, 155, 177, 179, 185, 196, 221, 247, 250
Wertschätzung ... 101, 132, 144

Z

Zeit ... 17, 22, 28, 30, 36, 38, 40, 42–43, 45, 46, 51, 52, 58, 62, 64, 72, 77, 94, 107, 114, 126, 128, 132, 145, 147, 160, 165, 168, 172, 183, 199, 203–204, 210, 216, 244
Zielgruppe ... 22, 32, 56, 61, 199, 208, 215
Zuordnungsmodell ... 196, 199

Literaturhinweise

Ausgewählte Literaturvorschläge zur Vertiefung der vorgestellten theologischen und methodischen Inhalte. Zusätzliches Material steht auch auf www.in7tagen.ch zur Verfügung.

Tag 1
Einheit in Vielfalt

Sabrina Müller: Eine kurze Geschichte der Mixed Economy of Church: kybernetische Chance oder Stolperstein?, in: Pastoraltheologie: Monatsschrift für Wissenschaft und Praxis in Kirche und Gesellschaft, 109(1), 5–18.

Thomas Schaufelberger: Erneuerung der Kirche. Fresh Expressions of Church, Zürich 2014.

Simon Sinek: Frag immer erst: warum. Wie Führungskräfte zum Erfolg inspirieren, München 2014.

Tag 2
Kontext

Heinzpeter Hempelmann: Gott im Milieu. Wie Sinusstudien der Kirche helfen können, Menschen zu erreichen, erweiterte Auflage, Giessen 2013.

Georg Lämmlin und Gerhard Wegner (Hg.): Kirche im Quartier: Die Praxis. Ein Handbuch, Leipzig 2020.

Michael Schüssler: Liquid church als Ereignis-Ekklesiologie. Über Verflüssigungsprozesse in Leben, Lehre und Kirche, in: Pastoraltheologische Informationen, Nummer 2 (2014), 25–43.

Tag 3
Vision und Strategie

Isabel Hartmann und Reiner Knieling: Gemeinde neu denken. Geistliche Orientierung in wachsender Komplexität, Gütersloh 2014.

Fritz B. Simon: Einführung in die systemische Organisationstheorie, 6. Auflage, Heidelberg 2018.

Tim Slack und Fiona Thomas: Appreciating Church. A practical Appreciative Inquiry resource for church communities, Liverpool 2017.

Literaturhinweise

Tag 4
Ressourcen und Verwaltung

Thomas Schaufelberger: Das Kompetenzstrukturmodell mit zwölf Standards für das evangelisch-reformierte Pfarramt, in: Ders. und Juliane Hartmann (Hg.): Perspektiven für das Pfarramt. Theologische Reflexionen und praktische Impulse zu Veränderungen in Berufsbild und Ausbildung, Zürich 2016, 17–59.

Verein Zürcher Gemeindeschreiber und Verwaltungsfachleute (Hg.): Handbuch Zürcher Gemeindeverwaltung, Zürich 2018.

Tag 5
Partizipation

Christian Hennecke und Gabriele Viecens: Der Kirchenkurs. Wege zu einer Kirche der Beteiligung. Ein Praxisbuch, Würzburg 2016.

Hanspeter Hongler, Markus Kunz, Katharina Prelicz-Huber et al.: Mitreden, Mitgestalten, Mitentscheiden. Ein Reiseführer für die partizipative Stadt-, Gemeinde- und Quartierentwicklung, Luzern 2008.

Gaby Strassburger und Judith Rieger: Partizipation kompakt. Für Studium, Lehre und Praxis sozialer Berufe, 2., überarbeitete Auflage, Weinheim/Basel 2019.

Tag 6
Leitung

Frédéric Laloux: Reinventing Organisations. Ein Leitfaden zur Gestaltung sinnstiftender Formen der Zusammenarbeit, München 2015.

Stefan Marti: Toolbox Führung. Nützliche Werkzeuge und Modelle für Führungskräfte und Projektleiter, 13. Auflage, Winterthur 2020.

Bernd Oesterreich und Claudia Schröder: Agile Organisationsentwicklung. Handbuch zum Aufbau anpassungsfähiger Organisationen. Selbstorganisation, Integrales Wertesystem, Kollegiale Führung, Kreisorganisation, Systemische Organisationsentwicklung, München 2019.

Tag 7
Vernetzung

Heinrich Bedford-Strohm und Volker Jung (Hg.): Vernetzte Vielfalt. Kirche angesichts von Individualisierung und Säkularisierung, Gütersloh 2015.

Daniel Hörsch und Hans-Hermann Pompe (Hg.) im Auftrag des Zentrums für Mission in der Region: Kirche aus der Netzwerkperspektive. Metapher – Methode – Vergemeinschaftungsform, Leipzig 2018.

Birgit Weyel: Gemeinde als Netzwerk. Perspektiven der Netzwerktheorie für eine Kirche bei Gelegenheit, in: Bubmann, Fechtner, Merzyn, Nitsche, Weyel, Gemeinde auf Zeit. Gelebte Kirchlichkeit wahrnehmen, Stuttgart 2019, 73–83.

Der Theologische Verlag Zürich wird vom Bundesamt für Kultur für die Jahre 2021–2025 unterstützt.

Bibliografische Informationen der Deutschen Nationalbibliothek
Die Deutsche Nationalbibliothek verzeichnet diese Publikation in der Deutschen Nationalbibliografie; detaillierte bibliografische Daten sind im Internet über http://dnb.dnb.de abrufbar.

Text
Monika Wilhelm
Jahrgang 1985, promoviert am Institut für Sozialethik in Zürich, ist Beauftragte für die Weiterbildung der reformierten Pfarrpersonen in der Schweiz und arbeitet in einem innovativen kirchlichen Projekt in Winterthur.

Projektleitung
Matthias Bachmann
Pfarrer, Jahrgang 1965, leitet den Bereich Gemeindeentwicklung der reformierten Landeskirche Zürich.

Gestaltung
DavidMirko – David Lüthi und Mirko Leuenberger, Zürich

Illustration
Katrin von Niederhäusern, Zürich

Fotografie
Véronique Hoegger, Zürich

Lithografie
Widmer & Fluri, Zürich

Druck
AZ Druck und Datentechnik GmbH

ISBN 978-3-290-18430-8 (Print)
ISBN 978-3-290-18431-5 (E-Book)

2. Auflage 2025
© 2021 Theologischer Verlag Zürich
Alle Rechte bleiben vorbehalten
Theologischer Verlag Zürich
Schaffhauserstr. 316
8050 Zürich
info@tvz-verlag.ch